PONS

FRANZÖSISCH

rund um den Eiffelturm

von
Isabelle Langenbach

PONS GmbH
Stuttgart

PONS

FRANZÖSISCH
rund um den Eiffelturm

von

Isabelle Langenbach

Auflage A1 5 4 3 2 / 2016 2015 2014 2013

PONS Produktinfos und Shop: www.pons.de
PONS Online-Wörterbuch: www.pons.eu
E-Mail: info@pons.de

Redaktion: Christine Lippet
Logoentwurf: Erwin Poell, Heidelberg
Logoüberarbeitung: Sabine Redlin, Ludwigsburg
Einbandgestaltung: Die Kavallerie, Tübingen
Titelfoto: Korken Detail: shutterstock/ static2000,
Korken Hintergrund: Fotolia/ tobago77
Layout: Petra Michel, Gestaltung & Typografie, Bamberg
Satz: Tebitron GmbH, Gerlingen
Druck und Bindung: Print Consult GmbH, München

Printed in the EU.
ISBN: 978-3-12-561922-7

Très français !

Vertiefen Sie mit diesem Rätselbuch Ihr Wissen über Frankreich und erweitern Sie Ihre Französisch-Kenntnisse in 20 großen Quiz-Themen. Dabei erfahren Sie noch mehr Interessantes, Unterhaltsames und Skurriles über das Land rund um den Eifelturm.

Die **20 Themen** stehen jeweils unter einem **Motto**, sei es eine Stadt, eine Region oder ein kulturelles Thema.
Dabei gibt es vier Rubriken, die farblich gekennzeichnet sind:

Mensch & Natur: ***Geschichte, Geographie, Politik, Wirtschaft etc.***

Kultur & Reisen: ***Kunst, Literatur, Sehenswürdigkeiten etc.***

Sprache & mehr: ***Sprache, Kommunikation, Humor, Rezepte etc.***

Rätseln & Knobeln: ***sprachliche und kulturelle Rätsel***

Kurztrip oder große Rundreise – das ist ganz Ihnen überlassen:
Sie können sich entweder gezielt die Themen oder Rubriken aussuchen, die Sie am meisten interessieren oder aber Sie machen die ganze Reise rund um alle französischen Themen.

Bei einigen Rätseln müssen Sie sicherlich ein wenig **raten** und **ausprobieren**, aber die ausführlichen **Lösungen** werden Ihnen helfen, Ihr Wissen über die Sprache, das Land und die Leute zu erweitern.
Und wenn Sie einmal sprachlich nicht weiter wissen, hilft Ihnen das **Wortverzeichnis** zu den schwierigsten Wörtern.

Bon voyage !

Ihre Pons-Redaktion

Inhalt

NE PAS TOUCHER
DON'T TOUCH
Mélange
Salade
Mélange
Poissons
3,80€
THYM DE
PROVENCE
3,80€

Vive la France !

Le top 10 de France

Diese Dinge sollten Sie bei einem Frankreichbesuch auf alle Fälle mal machen:

- ☐ das **Croissant** in den Milchkaffee tauchen
- ☐ einen **Pastis** nach dem **Pétanque**-Spiel trinken
- ☐ einen **macaron** oder **éclair** im **salon de thé** essen
- ☐ über einen bunten Wochenmarkt schlendern
- ☐ sich im **hypermarché** über die riesige Auswahl an Milchprodukten wundern
- ☐ ein Picknick mit Baguette, Käse und Rotwein
- ☐ am Strand Muscheln sammeln
- ☐ auf den **Eiffelturm** steigen
- ☐ ein Bier vom Fass (**une pression**) im Strandcafé trinken
- ☐ beim Ball des **14. Juli** mittanzen

On se fait la bise ?

Franzosen begrüßen sich meist mit einem Küsschen (**faire la bise**). Per Handschlag (**poignée de main**) begrüßen sich meist nur Geschäftsleute oder Männer untereinander. Ansonsten gilt: **Küsschen, Küsschen, Küsschen** … Aber wie viele? Und fängt man rechts oder links an? Meist sind es zwei Küsschen, aber je nach Region können es **eins, zwei, drei oder vier** sein. Das kann auch unter Franzosen zu Verwirrungen führen!

Vive la France !

Villes de France

___ **D** Marseille

___ **I** Brest

___ **A** Bordeaux

___ **F** Strasbourg

___ **G** Lyon

___ **B** Nantes

___ **E** Paris

___ **H** Lille

___ **C** Toulouse

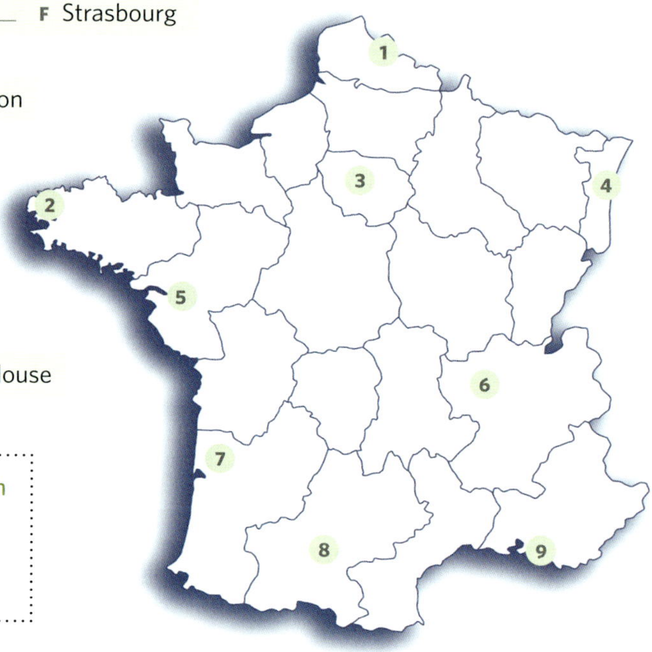

Kennen Sie sich in Frankreich aus? Platzieren Sie die wichtigsten Städte auf der französischen Landkarte.

Fleuves

Finden Sie alle 5 Hauptflüsse Frankreichs in der Wortschlange.

ÉSLOIRETLOGARONNEÀLESSEINEMMERHÔNEÂDARHINEA

1. la ____________________
2. la ____________________
3. la ____________________
4. le ____________________ et le ____________

Mit 1.012 km ist die Loire der längste Fluss Frankreichs, der Rhein ist zwar insgesamt länger, von seinen 1.325 km fließen aber nur 188 km durch Frankreich!

Symboles français

Qui suis-je ? Wer bin ich? Kreuzen Sie an.

2010 wurde ein Brief zugestellt, der 220 Jahre zuvor während der Französischen Revolution verschickt worden war. „**De Saïx à Seix**“ hieß er, da der Brief wegen der Namensähnlichkeit der beiden Städte der falschen Stadt zugestellt worden war!

1. Ich bin ein Symbol Frankreichs, man findet mich oft auf Kirchtürmen.

- ☐ **A** la vache
- ☐ **B** le coq
- ☐ **C** le mouton
- ☐ **D** l'âne

2. Diese Farbe findet man **nicht** auf der französischen Fahne.

- ☐ **A** blanc
- ☐ **B** jaune
- ☐ **C** rouge
- ☐ **D** bleu

3. Ich gehöre **nicht** zu den Parolen der Marianne.

- ☐ **A** égalité
- ☐ **B** fraternité
- ☐ **C** vérité
- ☐ **D** liberté

4. Ich habe das Gerät zur Vollstreckung der Todesstrafe erfunden.

- ☐ **A** Robespierre
- ☐ **B** Danton
- ☐ **C** Guillotin
- ☐ **D** Louis XVI

Événements historiques

Können Sie folgende historische Ereignisse in eine chronologische Reihenfolge bringen?

- **A** la Prise de la Bastille
- **B** la Guerre de 100 ans
- **C** la bataille d'Alésia
- **D** le couronnement de Charlemagne
- **E** la mort de Jeanne d'Arc
- **F** l'Édit de Nantes
- **G** l'élection de François Mitterrand

Richtige Reihenfolge: ______________________

Vive la France !

Curiosités

Erkennen Sie diese Sehenswürdigkeiten Frankreichs? Ordnen Sie zu.

A la cathédrale de Notre-Dame de Paris

B le Viaduc de Millau

C la Basilique Notre-Dame-du-Rosaire de Lourdes

D le château de Versailles

Personnalités françaises

Kennen Sie sich mit den französischen Berühmtheiten aus? Verbinden Sie die Namen mit dem richtigen Beruf.

1. Yannick Noah
2. Michel Drucker
3. Zinedine Zidane
4. ZAZ
5. Paul Bocuse
6. Marion Cotillard
7. Victor Hugo

___ **A** joueur de football
___ **B** chanteuse
___ **C** chef de cuisine
___ **D** écrivain
___ **E** actrice
___ **F** présentateur de télévision
___ **G** joueur de tennis

C'est la fête !

Welches Fest haben sich die Franzosen 1987 neu einfallen lassen?

☐ **A** la Fête des Mères

☐ **B** la Fête des Grands-Mères

☐ **C** la Fête de la Musique

☐ **D** la Fête de la Bière

Le sport

« Allez les Bleus ! » – so wird die französische Fußballnationalmannschaft angefeuert. Ordnen Sie die folgenden französischen Sportarten zu.

1

2

3

4

A la pétanque

B le tir à l'arc

C la pelote basque

D le rugby

Die Sportart Rugby verbindet man eigentlich mit England, wo es 1823 im College erfunden wurde. In Frankreich ist es als **Rugby à 12** (Mannschaft mit 12 Spielern) sehr beliebt. Auch das Bogenschießen wurde in den letzten 30 Jahren immer beliebter, so dass es selbst in kleinen Orten als Sport angeboten wird.

Escargots ou cuisses de grenouilles ?

Spécialités culinaires

Welche Spezialität kommt aus woher? Verbinden Sie die Begriffe.

Wussten Sie, dass das Sammeln von Schnecken gesetzlich reglementiert ist? Seit 1979 dürfen nur Schnecken gesammelt werden, die mindestens 3 cm Durchmesser haben und in der Zeit der Fortpflanzung ist das Sammeln sogar verboten.

1. la bouillabaisse	___	**A**	Montélimar
2. les huîtres	___	**B**	la Bourgogne
3. les escargots	___	**C**	la Provence
4. la moutarde	___	**D**	la Bretagne
5. le nougat	___	**E**	le bassin d'Arcachon
6. la tartiflette	___	**F**	Dijon
7. les crêpes	___	**G**	la Savoie

Pays des 300 fromages

« Il faut toujours garder une petite place pour le fromage », heißt es in Frankreich und so findet man auf fast allen Menükarten in Restaurants Käse. Finden Sie in jeder Spalte das Wort, das nichts mit Käse zu tun hat.

1.
- ☐ **A** le brie
- ☐ **B** le Saint-Albray
- ☐ **C** le cabécou
- ☐ **D** les rillettes

2.
- ☐ **A** la madeleine
- ☐ **B** le cantal
- ☐ **C** le camembert
- ☐ **D** l'emmental

3.
- ☐ **A** le livarot
- ☐ **B** la tomme
- ☐ **C** le munster
- ☐ **D** le clafoutis

4.
- ☐ **A** le reblochon
- ☐ **B** le vacherin
- ☐ **C** le kir
- ☐ **D** le roquefort

Auvergne touristique

Die Region Auvergne ist bekannt für ihre vielen Käsesorten, z. B. den **bleu d'Auvergne**. Aber kennen Sie auch ihre Sehenswürdigkeiten? Ordnen Sie zu.

1

2

A Clermont-Ferrand

B Puy en Velay

C Vichy

D Puy de Dôme

3

4

In der Region Auvergne spricht man gerne die regionale Sprache: **l'occitan** oder **langue d'oc** in einer lokalen Variante, sowie **le français bourbonnais** oder **langue d'oïl**. Die Regionalsprachen werden von ca. der Hälfte der **Auvergnats** gesprochen und verstanden.

Auvergne industrielle

Welche Industriezweige sind in der Auvergne besonders stark vertreten?

- ☐ **1.** l'industrie des pneus (pour les voitures)
- ☐ **2.** la production d'eaux minérales
- ☐ **3.** l'industrie textile
- ☐ **4.** l'industrie aéronautique (construction des avions)
- ☐ **5.** la viticulture (production de vin)
- ☐ **6.** la production de fromage

Escargots ou cuisses de grenouilles ?

Gastronomie

Kennen Sie sich mit der **cuisine française** aus? Bringen Sie das durcheinander geratene Menü in die richtige Reihenfolge.

1

le foie gras

2

la crème brûlée

3

le plateau de fromages

4

le steak frites

Richtige Reihenfolge: ____________________

In einem französischen Restaurant bekommen Sie immer eine Wasserkaraffe mit Leitungswasser und Brot zum Essen serviert. Diese sind kostenlos und gehören zu einem französischen Essen immer dazu.

Au restaurant

Verbinden Sie die passenden Sätze. Was sagen Sie, wenn …

1. … Sie ein Menü bestellen möchten?
2. … Sie bezahlen möchten?
3. … Sie die Vorspeise bestellen möchten?
4. … Sie ein Steak bestellen?

___ **A** L'addition, s'il vous plaît.

___ **B** En entrée, je prends l'assiette de charcuterie.

___ **C** À point.

___ **D** Pour moi, le menu périgourdin à 12 euros.

Bon appétit

Können Sie die folgenden Redewendungen zum Thema essen wieder zusammenbringen?

1. avoir une faim de... ___ **A** quatre
2. avoir l'estomac dans les... ___ **B** creux
3. manger comme... ___ **C** loup
4. avoir un petit... ___ **D** talons

Restauration rapide

Kennen Sie die französischen Schnellgerichte für unterwegs?

Wundern Sie sich nicht über die vielen Bezeichnungen für Imbiss-Buden: Mal klingen sie sehr „frenchie“: **resto-rapide, prêt-à-manger, restau-pouce, restovite,** mal stammen sie direkt aus dem Englischen: **snack(-ing), street food(-ing).**

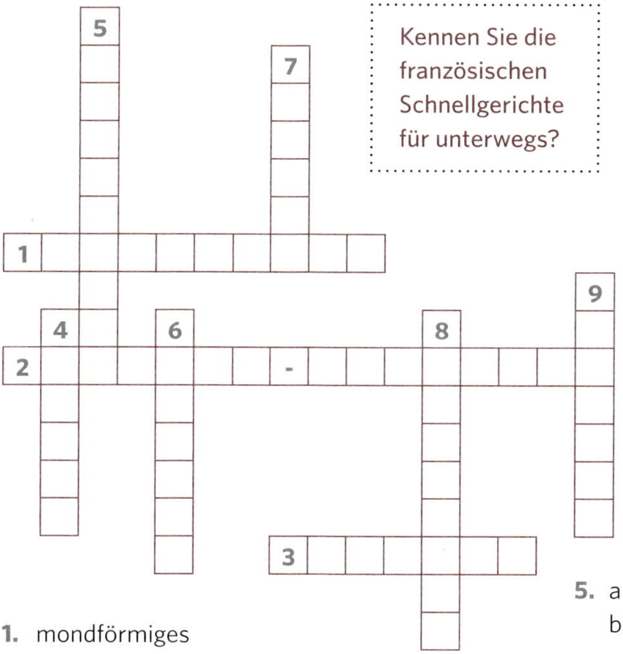

1. mondförmiges französisches Gebäck
2. warmer Toast mit Käse und Schinken
3. getoastetes und belegtes italienisches Brot
4. bretonischer süßer Pfannkuchen
5. amerikanisches Weizenbrötchen mit Hackfleisch
6. französischer Eierkuchen mit Speck
7. italienischer Hefeteig mit Tomaten und Käse
8. belegtes Baguette
9. handliche Kartoffeln

Paris, je t'aime…

Paris, ville d'amour…

« **J'ai deux amours, mon pays et Paris** », sang die Amerikanerin **Josephine Baker**, die sich in Paris verliebte und die französische Staatsbürgerschaft annahm.
Die wohl berühmteste Tochter der Hauptstadt, **Édith Piaf,** sang: « **Je vois la vie en rose** ». Paris gilt als Hauptstadt der Liebe, **Capitale de l'amour**. Verliebten empfehlen wir daher (neben allen Klassikern) in Paris:

- ☐ an der **Seine** entlang radeln
- ☐ durch die **Catacombes** spazieren
- ☐ abends vom Eiffelturm aus die Stadt betrachten
- ☐ das **Musée de la vie romantique** besichtigen
- ☐ Édith Piafs Grab auf dem **cimetière du Père-Lachaise** besuchen

Mit Vélib' vers la liberté

Seit 2007 kann man sich Fahrräder an einer Selbstbedienungs-Säule in Paris ausleihen. Das **Vélib´** **(vélo + liberté)** wurde von der **Mairie de Paris** eingerichtet und hat sich als praktisches Verkehrsmittel in der **Métropole des bouchons (Stau)** entpuppt: an 1.208 Stationen werden im Durchschnitt 110.000 Räder vermietet!

Paris, je t'aime…

Monuments parisiens

Sie kennen bestimmt viele französische Denkmäler, aber wissen Sie auch, welche Präsidenten diese haben bauen lassen? Ordnen Sie zu.

A Jacques Chirac

B François Mitterrand

C Georges Pompidou

D Valéry Giscard d'Estaing

Vom **Louvre** über den **Tuileries**-Garten, die **Champs-Élysées**, den **Place de l'Étoile** und den **Bois de Boulogne** bis zum Viertel von **La Défense** erstreckt sich eine unsichtbare Linie, die **axe historique**, die bereits von **Le Nôtre**, dem berühmten Gartenarchitekten von Louis XIV, im Jahre 1640 gezeichnet wurde.

le Centre Beaubourg

la Grande Arche de la Défense

le musée d'Orsay

le Musée du quai Branly

Quartiers parisiens

Was finden Sie in diesen Pariser Vierteln? Mehrere Antworten sind möglich.

1. Boulevard Haussmann
- ☐ **A** le Printemps
- ☐ **B** les Galeries Lafayette
- ☐ **C** des théâtres

2. Quartier de la Madeleine
- ☐ **A** des boutiques de luxe
- ☐ **B** l'Opéra Garnier
- ☐ **C** des cinémas

3. Quartier du Marais
- ☐ **A** la Place des Vosges
- ☐ **B** des restos rapides
- ☐ **C** des boulangeries juives

4. Quartier Latin
- ☐ **A** la Tour Montparnasse
- ☐ **B** le Panthéon
- ☐ **C** l'université de La Sorbonne

Wussten Sie, dass **Claude Monet**, der für seine Bilder von Gärten, Teichen und Seerosen berühmte Impressionist, in **Giverny**, in der Nähe von Paris gewohnt hat? Sein Haus ist denkmalgeschützt und ein Publikumsmagnet. In Paris findet man viele seiner Werke im **Musée de l'Orangerie**.

Paris et les peintres

Viele **impressionnistes** haben in Paris gemalt. Können Sie den Malern ihre bekanntesten Bilder zuordnen?

1. Claude Monet
2. Vincent Van Gogh
3. Edgar Degas
4. Auguste Renoir
5. Henri de Toulouse-Lautrec

___ **A** La chambre à coucher

___ **B** Ballet, l'Étoile

___ **C** Bal du Moulin de la Galette

___ **D** Impression Soleil levant

___ **E** Aristide Bruant dans son cabaret

Amour toujours

Diese Aussagen über ihre Helden haben wir den Autoren in den Mund gelegt. Finden Sie heraus, von welchen Liebespaaren sie sprechen.

1. Victor Hugo: « Dans Notre-Dame-de-Paris, il tombe fou amoureux d'elle. »
2. Jacques Henri Bernardin de Saint-Pierre : « Leurs noms forment le titre de mon roman et ils grandissent sur l'île Maurice. »
3. Corneille : « Dans Le Cid, il lutte contre son père pour elle. »
4. Boris Vian : « Mon héros aime une fille qui tombe très malade. »

___ **A** Paul et Virginie

___ **B** Colin et Chloé

___ **C** Quasimodo et Esmeralda

___ **D** Rodrigue et Chimène

Paris, je t'aime…

Vous aimez ?

Wie sagen Sie, dass …

1. … Sie in jemanden verliebt sind?
2. … es Ihnen gefällt?
3. … Sie etwas überhaupt nicht mögen?
4. … Ihnen etwas schmeckt?

___ **A** Je vous aime !

___ **B** Je n'aime pas du tout !

___ **C** J'aime beaucoup !

___ **D** C'est délicieux !

Le Taboulé

Das Rezept für ein **Taboulé** ist unvollständig, können Sie die Zutaten an die richtige Stelle einsetzen?

In Paris treffen Sie auf viele Menschen aus unterschiedlichen Herkunftsländern z. B. aus Nordafrika oder China. So entstanden auch viele bunte Viertel, wie z. B. **Belleville.** Suchen Sie sich einen **Arabe du coin** (kleiner arabischer Supermarkt) in der Nähe vom **Institut du Monde Arabe** und kaufen Sie die Zutaten für ein **Taboulé,** ein typisches Gericht aus dem Maghreb, ein.

1. Versez l'eau bouillante sur le ______________.
2. Pressez les ______________ et lavez le ______________ et la ______________.
3. Coupez les ______________ en petits morceaux et épluchez et coupez les ______________.
4. Mélangez le tout et ajoutez le ______________, le ______________ et l'______________. Bon appétit !

Argot

In ganz Frankreich, aber ganz besonders in Paris (ugs. **Paname** genannt), werden Sie umgangssprachliche oder gar derbe Redewendungen hören. Ordnen Sie sie den Bildern zu.

A T'as pas une clope ?

B Attention, voilà les flics !

C J'ai pas assez de blé !

D Il s'est acheté une nouvelle bagnole.

1

2

3

4

In den Vierteln der **Banlieue** werden Sie sich über Wörter wie **meuf** (**=femme**), **keuf** (**=flic**), **beur** (**=arabe**) wundern. Man nennt sie **„verlan“**-Wörter (**mots à l'envers**), weil sie die Silben der Wörter verdrehen, sie werden hauptsächlich von Jugendlichen und in SMS verwendet.

Mon amour

Bringen Sie die Buchstaben in die richtige Reihenfolge, sie ergeben Wörter rund um die Liebe!

1. Liebling	CIHRÉ	______
2. Herz	CRUEO	______
3. Hochzeit	GEIARAM	______
4. küssen	RESSARBEM	______

Métro, boulot, dodo…

Paris, Paris

Kennen Sie sich mit Paris aus? Unterstreichen Sie die jeweils richtige Antwort.

1. Paris a **trois/quatre** grandes gares.
2. Le train rapide de Paris vers l'Allemagne s'appelle **le Thalys/TGV**.
3. Le siège *(Firmensitz)* de Renault est à **Boulogne/Bercy**.
4. La Cigale est **un cinéma/une salle de concert**.
5. Le siège *(Amtssitz)* du Premier Ministre est **l'Hôtel de Matignon/Hôtel de Ville**.
6. Le **Président de la République** siège au **Palais de l'Elysée/de Justice**.
7. Le grand aéroport de Roissy est dédié *(gewidmet)* à l'homme politique **Charles De Gaulle/Georges Pompidou**.

Wussten Sie, dass **Louis Renault**, der an Autos sehr interessiert war, am 24.12.1898 sein Dreirad von **De Dion-Bouton** in ein Automobil mit 4 Rädern und Motor umwandelte, das ihn dann zum späteren Erfolg führte?

Métro

Haben Sie schon mal in der Schlange vor dem Métro-Schalter gestanden? Dann sollte Ihnen unsere Schlange keine Schwierigkeiten bereiten … Erkennen Sie die 7 bekannten Métro-Stationen aus der Pariser U-Bahn?

CHÂTELETBASTILLENATIONGAMBETTAODÉONINVALIDESCONCORDE

Présidents

Können Sie die folgenden Présidents de la Vème République in die richtige Reihenfolge bringen?

- **A** Valéry Giscard d'Estaing
- **B** Georges Pompidou
- **C** Jacques Chirac
- **D** François Hollande
- **E** François Mitterrand
- **F** Charles de Gaulle
- **G** Nicolas Sarkozy

Richtige Reihenfolge: ______________________

Die Erste Französische Republik wurde während der Französischen Revolution 1792 ausgerufen. Die aktuelle Fünfte Französische Republik besteht seit 1958 aufgrund einer neuen Verfassung, die auf einen Vorschlag de Gaulles zurückgeht und die der Regierung und dem Präsidenten mehr Macht verleiht.

Grandes entreprises

Im zentralisierten Frankreich haben viele große Firmen ihren Sitz in der Hauptstadt. Können Sie die Firmen ihrer Branche zuordnen?

Banques	Alimentaire	Mode & Parfums	Presse, médias et télécommunication

1. Société Générale **2.** La Poste **3.** Bouygues Telecom **4.** Louis Vuitton
5. L'Oréal **6.** Galeries Lafayette **7.** Hermès **8.** Printemps
9. Hachette **10.** BNP Paribas **11.** Yoplait France **12.** Danone
13. Flammarion SA

Métro, boulot, dodo…

Un aller et retour

Was sagen Sie, wenn …

1. … Sie eine Fahrkarte hin- und zurück kaufen möchten?
2. … Sie eine direkte Verbindung ohne Umsteigen möchten?
3. … Sie nach dem Gleis suchen?
4. … Sie in der 2. Klasse im Abteil reservieren möchten?

___ **A** Savez-vous où se trouve la voie numéro 2 ?

___ **B** Un billet aller et retour, s'il vous plaît.

___ **C** Un trajet direct sans changement, s'il vous plaît !

___ **D** Un billet en 2ème classe, dans un compartiment, s'il vous plaît !

Panneaux français

Kennen Sie die folgenden Verkehrsschilder und ihre Bedeutung in Frankreich? Ordnen Sie zu!

Wenn Sie mit dem Auto durch Frankreich reisen, werden Sie sicher staunen, wie viele Kreisverkehre es dort gibt! Viele Städte liefern sich einen regelrechten Wettbewerb, wer den schönsten Kreisverkehr hat und lassen ihrer Fantasie freien Lauf!

1 ☐

2 ☐

3 ☐

4 ☐

A Einfahrt verboten, nur für Busse erlaubt.

B Baden verboten

C Erinnerung an ein vorhergehendes Verkehrszeichen

D Alle Richtungen

Métro, boulot, dodo ist ursprünglich der Vers eines Gedichts, der dann zum Symbol für den typischen Alltagstrott eines Parisers wurde: U-Bahn fahren, schuften, schlafen… **Faire dodo** ist Kindersprache und bedeutet *Heia machen.*

Au boulot

Au boulot ist der umgangssprachliche Ausdruck für **au travail**. Ordnen Sie diese in Paris verbreiteten Berufe ihrer deutschen Bezeichnung zu.

1. le/la concierge — ___ **A** Platzanweiserin
2. le/la guide — ___ **B** Reinigungskraft
3. le contrôleur — ___ **C** Hausmeister(in)
4. l'employé d'étage — ___ **D** Reiseführer(in)
5. l'ouvreuse — ___ **E** Schaffner

métro

boulot

dodo

Transports mêlés

A	V	I	O	N	M	O	B	Y	L	E	T	T	E
U	É	M	É	T	R	O	U	L	V	T	T	I	T
F	S	M	O	T	O	B	S	C	O	O	T	E	R
O	O	T	A	X	I	U	T	E	O	G	R	Z	A
S	O	L	E	X	A	S	B	A	T	E	A	U	T
A	N	É	L	V	I	Â	S	B	F	C	H	I	E
V	O	I	T	U	R	E	T	R	A	M	W	A	Y
V	R	T	R	A	I	N	P	É	N	I	C	H	E

Finden Sie die Begriffe, die Transportmittel bezeichnen. Wie viele sind es?

Made in Normandie

Le Mont-Saint-Michel

Mit 3,5 Millionen Besuchern ist le **Mont-Saint-Michel** nach Paris die größte Attraktion Frankreichs, obwohl die 708 gegründete Gemeinde nur **44 Einwohner** hat!
Der **Mont** ist eine felsige Insel im **Wattenmeer** und berühmt für seine **Abbaye**. Die **Baie du Mont-Saint-Michel** ist einzigartig, weil das Meer in sehr schneller Zeit – « **à la vitesse d'un cheval au galop** », sagt die **Legende** – die Küste flutet.
Um diesen Charakter zu erhalten wird die Bucht wieder zurückgebaut, da ein künstlicher Damm für eine Versandung verantwortlich war.

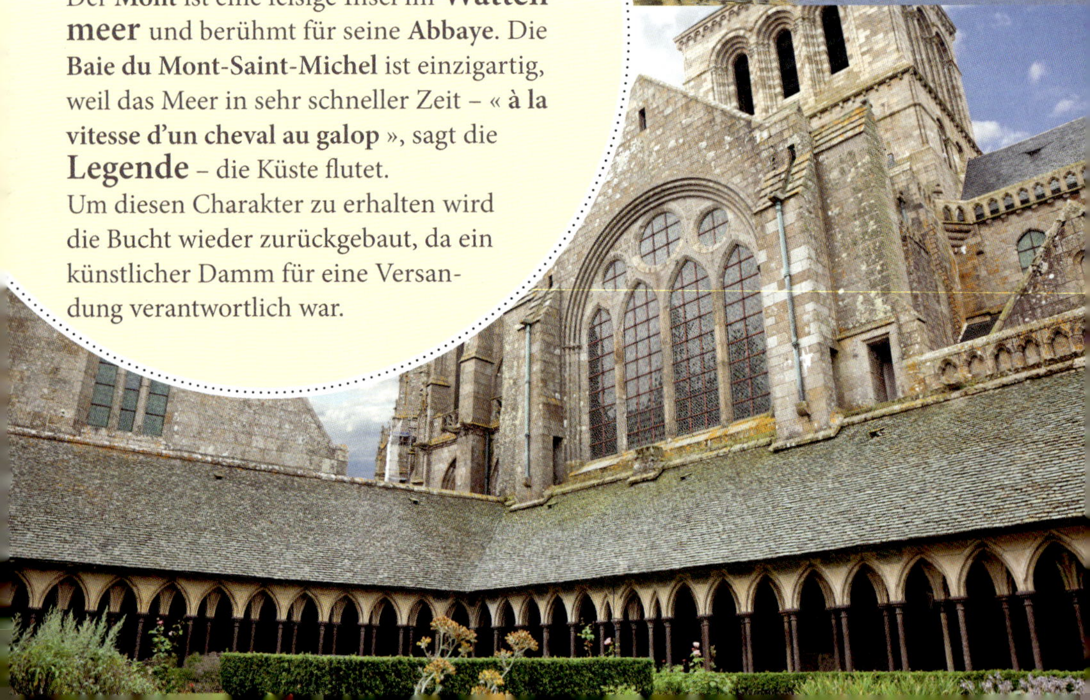

Le parachute de Sainte-Mère-Église

Der Fallschirm, der fest am Dach der Kirche von **Sainte-Mère-Église** hängt, erinnert an John Locke, der bei der **Landung der Alliierten** am 06.06.1944 nur deshalb überlebte, weil sein Fallschirm sich im Kirchendach verfing. Zwei Stunden musste er am Dach verharren.

Made in Normandie

Ports normands

Welche von diesen bekannten Städten aus der Normandie haben keinen Hafen?

- ☐ **1.** Le Havre
- ☐ **2.** Cherbourg
- ☐ **3.** Rouen
- ☐ **4.** Dieppe
- ☐ **5.** Évreux
- ☐ **6.** Caen

Curiosités

Können Sie diese Sehenswürdigkeiten richtig zuordnen?

A les falaises d'Étretat

B Rouen

C Honfleur

D Caen

Honfleur wurde aufgrund seines malerischen Hafens von vielen Malern als Motiv verwendet: **Gustave Courbet, Eugène Boudin, Claude Monet** und **Johan Barthold Jongkind** (sie bildeten die **École de Honfleur**).

Können Sie die Fakten zum Zweiten Weltkrieg zusammenfügen?

Seconde guerre mondiale

Die Spuren des Zweiten Weltkrieges sind sowohl in der Normandie als auch in der Bretagne noch sehr präsent. Hier findet man entlang der Küste noch viele Bunker aus der deutschen Besatzungszeit, auf Französisch « **blockhaus** » genannt.

1. In Frankreich nennt man den Tag der Landung der Alliierten in der Normandie
2. Der Feiertag am 8. Mai steht für
3. Maréchal Pétain unterschreibt 1940
4. Ab 1940 ist Frankreich
5. Charles de Gaulle ist die Figur

___ A das Ende des Krieges.

___ B den **Armistice** (Waffenstillstand).

___ C der **Résistance** (Widerstand gegen Deutschland).

___ D le « **Jour J** ».

___ E in zwei Zonen geteilt.

Finden Sie heraus, welche Persönlichkeiten aus der Normandie stammen.

Personnalités normandes

1. Auteur du roman « Madame Bovary »
2. Créateur de mode célèbre
3. Comique connu
4. Peintre du tableau « Le Radeau de la Méduse »
5. Auteur de « Bel-Ami »
6. Pianiste célèbre
7. Auteur du personnage « Arsène Lupin »

___ A Christian Dior
___ B Bourvil
___ C Éric Satie
___ D Maurice Leblanc
___ E Gustave Flaubert
___ F Guy de Maupassant
___ G Géricault

Made in Normandie

Normandie culinaire

Kreuzen Sie die richtige(n) Antwort(en) an.

1. Boissons normandes

- ☐ **A** cidre
- ☐ **B** calvados
- ☐ **C** pommeau
- ☐ **D** muscadet

2. Fromages normands

- ☐ **A** Tomme de Savoie
- ☐ **B** Pont l'Évêque
- ☐ **C** Camembert
- ☐ **D** Livarot

3. Spécialités normandes

- ☐ **A** tripes à la mode de Caen
- ☐ **B** jambon de la Manche
- ☐ **C** boudin de Mortagne
- ☐ **D** ratatouille

Der « **trou normand** » (*das normannisches Loch*) bezeichnet ein Gläschen Calvados (« **calva** »), das in der Mitte eines mehrgängigen Essens zur besseren Verdauung getrunken wird. In jüngerer Zeit wird dazu auch noch ein Apfelsorbet serviert.

4. Desserts normands

- ☐ **A** teurgoule
- ☐ **B** mirlitons
- ☐ **C** bourdelots
- ☐ **D** charlotte aux fraises

À la campagne

Welche leckeren Zutaten der normannischen Küche stammen von welchem Tier?

1. la vache

2. le mouton

3. la poule

4. le cochon

___ **A** le beurre et la crème fraîche

___ **B** les œufs

___ **C** le jambon

___ **D** l'agneau de prés-salés

Ingrédients :

8 à 10 pommes
150 g de beurre
150 à 200 g de sucre
en poudre
200 à 250 g de
pâte brisée

La Tarte Tatin

Bringen Sie die Fotos in die richtige Reihenfolge, um das Rezept der Tarte Tatin nachzubacken.

Der Legende nach geht die **Tarte Tatin** auf die beiden Schwestern Stéphanie und Caroline Tatin zurück. Einer der beiden sei ihr Apfel-kuchen verbrannt (oder heruntergefallen) und daraufhin legte sie aus der Not heraus etwas neuen Teig auf die Äpfel, bevor sie den Kuchen wieder in den Ofen schob.

Richtige Reihenfolge: ____________

Disposer les pommes dans le moule.

Sortir la tarte du four et renverser la tarte.

Faire caraméliser le sucre, éplucher et couper les pommes.

Poser la pâte sur les pommes.

Faire la cuisine

Ordnen Sie das Küchenzubehör seiner Bedeutung zu.

1. le fouet
2. le saladier
3. le rouleau à pâtisserie
4. la râpe

___ **A** Salatschüssel

___ **B** Nudelholz

___ **C** Reibe

___ **D** Schneebesen

Le fric, c'est chic.

Îles françaises

Welche dieser Inseln sind keine französischen Inseln?

☐ **1.** Oléron

☐ **2.** Jersey

☐ **3.** Corse

☐ **5.** Noirmoutier

☐ **4.** Ré

☐ **6.** Guernesey

☐ **8.** Île aux oiseaux

☐ **7.** Île d'Yeu

Histoire franco-anglaise

Bringen Sie die Ereignisse der relations franco-britanniques in die richtige Reihenfolge.

Der sogenannte **Tapis de Bayeux**, eine Stickarbeit aus dem 11. Jahrhundert, stellt in 58 Einzelszenen, auf 68,38 Metern die Eroberung Englands durch den Normannenherzog **Guillaume le Conquérant** dar. Er wird in dem gleichnamigen Museum in **Bayeux** ausgestellt.

A La **Bataille de Trafalgar** contraint *(zwingt)* **Napoléon** à renoncer à l'Angleterre *(aufzugeben)*.

B **Jeanne d'Arc** vainc *(besiegt)* les Anglais à **Orléans**.

C **Charles de Gaulle** lance un appel à la **Résistance** par la BBC.

D **Napoléon** perd contre les Anglais à Waterloo.

E L'**Eurotunnel** relie *(verbindet)* Kent et **Calais**.

F **Guillaume le Conquérant, Duc de Normandie**, devient Roi d'Angleterre.

G La France et l'Angleterre signent **l'entente cordiale**, des accords bilatéraux. *(bilaterale Verträge)*

Richtige Reihenfolge: ____________________

Régions riches

Wo befinden sich die fünf reichsten Regionen Frankreichs (mit dem größten BIP)? Ordnen Sie die richtigen Zahlen zu.

___ **A** Île de France

___ **B** Rhône-Alpes

___ **C** Provence-Côte d'Azur

___ **D** Nord-Pas-de-Calais

___ **E** Pays-de-la-Loire

9 der 10 reichsten Städte Frankreichs (mit mehr als 8.000 € netto/ Monat) befinden sich in **Paris** und in den Départements **Hauts-de-Seine** und **Yvelines**.

In der Umgangssprache verwendet man oft **fric** für **argent** *(Geld)*. Nicht mit **flic** *(Bulle=Polizist)* zu verwechseln!

Die kleine Stadt der Normandie ist einer der angesehensten Orte Frankreichs. Aber wofür ist sie bekannt?

Bienvenue à Deauville

- ☐ **A** son casino
- ☐ **B** ses villas
- ☐ **C** son champ de course (*Pferderennbahn*)
- ☐ **D** ses ports
- ☐ **E** son festival de théâtre
- ☐ **F** son festival de cinéma
- ☐ **G** ses golfs

Le fric, c'est chic.

Les jeux sont faits...

Welche Aussagen zu Spielen sind richtig, welche sind falsch? Kreuzen Sie an.

	VRAI	FAUX
1. Le **tiercé** ist ein Wettspiel mit Pferderennen.	☐	☐
2. La **roulette** spielt man mit speziellen Karten.	☐	☐
3. **Tarot**-Karten werden nur von Hellseherinnen verwendet.	☐	☐
4. La **belote** ist eins der beliebtesten Kartenspiele in Frankreich.	☐	☐
5. Le **loto** entspricht dem deutschen Lotto.	☐	☐
6. Le **kilo de merde** ist ein Kartenspiel, das man zu mehreren spielt.	☐	☐

Les pauvres en France

Leider gibt es in Frankreich nicht nur Reiche. Was verbirgt sich unter diesen Begriffen?

1. S.M.I.C (salaire minimum interprofessionnel de croissance)
2. R.M.I. (revenu minimum d'insertion)
3. Restos du Cœur
4. Emmaüs
5. Téléthon

___ A Mindestlohn

___ B Initiative, die den Armen warmes Essen im Winter gibt

___ C Karitativer Verein vom Abbé Pierre für die Armen

___ D Sozialhilfe, Harz IV

___ E Fernseh-Spendegala gegen Krankheiten

Les Restos du Cœur (kurz für *Les Restaurants du Cœur*) wurde 1985 von dem französischen Komödianten und Filmschauspieler **Coluche** gegründet, der gegen Rassismus und Armut mit Witz und Humor ankämpfte. Die Aktion wird von zahlreichen Prominenten unterstützt, die – unter dem Namen **Les Enfoirés** – Benefizkonzerte geben, die sich zum francophonen Showereignis des Jahres entwickelt haben.

À la banque

Was sagen Sie, wenn Sie ...

Je voudrais...

1. ein Konto eröffnen möchten?
2. Geld abheben möchten?
3. eine Kreditkarte haben möchten?
4. eine Überweisung machen möchten?
5. Geld einzahlen möchten?

___ **A** retirer de l'argent

___ **B** avoir une carte de crédit

___ **C** faire un virement

___ **D** placer de l'argent

___ **E** ouvrir un compte

Anglicismes

Welche englischen Wörter haben sich im Französischen etabliert? Ergänzen Sie.

1. la fin de la semaine = le w__ __ __-e __ __
2. faire les magasins = faire du s__ __ __ __ __ __g
3. faire une pause = faire un b__ __ __ __ k
4. un jeu de ballon = le f__ __ __ __ __ __l
5. un pantalon bleu = un j__ __ __
6. l'apparence extérieure (Aussehen) = le l__ __ __
7. l'endroit où l'on gare sa voiture = le p__ __ __ __ __g
8. pour se laver les cheveux = le s__ __ __ __ __ __ __ __ __ __
9. une lettre par internet = un m__ __ __

Wussten Sie, dass sich die englische Sprache auch sehr viele französische Wörter geborgt hat? **Lingerie, rouge, parfum, luxe, renaissance, prêt-à-porter, déjà-vu** sind nur ein paar Beispiele.

Vent d'ouest

Ils ont les chapeaux ronds,...

vive les Bretons ! Dieser Spruch spielt auf die traditionellen runden Hüte der Bretonen an. Was Sie sonst noch auf alle Fälle in der Bretagne gesehen haben sollten:

- ☐ die Steinreihen von **Carnac** mit den 3.000 Menhiren
- ☐ das felsige Kap von **La Pointe du Raz** den regionalen Nationalpark d'Armorique und den Huelgoat-Wald
- ☐ die Festung von **Saint-Malo**
- ☐ eine **crêperie bretonne**
- ☐ die Altstadt und den Hafen (**ville close**) von **Concarneau**
- ☐ die Insel von **Belle-île-en-mer**
- ☐ ein **Fest-noz**, eine volkstümliche bretonische Tanzveranstaltung

Naoned

Nantes, die größte Stadt der Region **Pays de la Loire**, ist die historische Hauptstadt der Bretagne. Damals, vor Napoleons Verwaltungsreform, hieß sie noch **Naoned** und die Bretonen trugen weite, runde Hüte und Holz-Clogs , **des sabots**. Das **Château des Ducs de Bretagne** war der Sitz der Herzöge der Bretagne, bevor es zur königlichen Festung und zum königlichen Gefängnis wurde. Seit 1924 ist die Burg der größte Attraktionspunkt der Stadt und unbedingt ein Besuch wert.

Villes de Bretagne

Diese bretonischen Städte sind durcheinander geraten, finden Sie sie?

1

SENNRE ______________

2

BTSER ______________

3

RUIQMPE ______________

4

SVNNEA ______________

Spécialités bretonnes

Die bretonische Sprache ist eine keltische Sprache, der irischen oder schottischen Sprache ähnlich, und für Franzosen, die sie nicht gelernt haben, überhaupt nicht verständlich! Im Westen der Bretagne sind auch die Straßenschilder zweisprachig.

Welche dieser bretonischen Begriffe sind kulinarisch? Kreuzen Sie an.

- ☐ **A** kouign-amann
- ☐ **B** fest-noz
- ☐ **C** Diwan
- ☐ **D** Breizh
- ☐ **E** farz-forn
- ☐ **F** biniou
- ☐ **G** korrigan

Die bekanntesten **Machines de l'Île** sind **Le grand éléphant** und **La princesse**, die jeweils 40 und 37 Tonnen schwer sind.

Sites touristiques des Pays de la Loire

Wissen Sie, was sich unter den Sehenswürdigkeiten verbirgt? Verbinden Sie.

1. les Machines de l'Île
2. le Passage du Gois
3. les marais salants
4. le Puy du Fou
5. le Passage Pommeraye
6. la Grande Brière

___ **A** Sumpf- und Lagunengebiet

___ **B** Ausstellung von mechanischen Objekten

___ **C** gezeitenabhängige Straße

___ **D** historische Bühnenshow

___ **E** Einkaufspassage in Nantes

___ **F** Salzfelder

Légendes bretonnes

Welche Antwort ist richtig? Kreuzen Sie an.

1. Forêt de Merlin et Morgane :

☐ **A** Forêt de Brocéliande
☐ **B** Forêt des Landes
☐ **C** Forêt du Gavre

2. Nom de l'esprit des morts en Bretagne :

☐ **A** Père Noël
☐ **B** Papy Brossard
☐ **C** Père Ankou

3. Autre nom du meurtrier (Serienmörder) Gilles de Rais :

☐ **A** Barbe Blanche
☐ **B** Barbapapa
☐ **C** Barbe Bleue

4. Ville engloutie dans une légende bretonne :

☐ **A** Ys
☐ **B** Oléron
☐ **C** Noirmoutier

Kennen Sie den Riesen **Boudédé?** Als er am Fluss **Follezou** spazieren ging, störten ihn die Steine in seinem Schuh und er ließ sie ins Wasser fallen. Daher entstanden der Legende nach die Felsenschlucht **Gorges du Corong.**

Vent d'ouest

Personnalités de l'ouest

Welche dieser Figuren/Persönlichkeiten kommt **nicht** aus dem Westen Frankreichs?

- ☐ **1.** Nolwen Leroy, chanteuse
- ☐ **2.** Bécassine, personnage de BD
- ☐ **3.** Tri Yann, groupe musical
- ☐ **4.** Jacques Brel, chanteur
- ☐ **5.** Jules Verne, écrivain
- ☐ **6.** Édouard Leclerc, chef d'entreprise

E. Leclerc öffnete 1949 sein erstes Geschäft, bevor sich im Laufe der Jahre eine riesige Supermarkt-Kette entwickelte. Die **E. Leclerc hypermarchés** bieten ein breites Warensortiment auf sehr großen Verkaufsflächen an.

Paris-Brest

Ein **pâtissier** der **Maisons-Laffitte, Louis Durand**, ließ sich von einem Radrennen zwischen Paris und Brest inspirieren, das 1891 gegründet wurde, und schuf den gleichnamigen Kuchen, der ab 1910 berühmt wurde. Dieser hat die Form eines Rads!

Kennen Sie sich aus mit französischen Pâtisseries? Verbinden Sie!

1. le Paris-Brest
2. la religieuse
3. le mille-feuilles
4. le baba au rhum
5. le saint-honoré

___ **A** pâtisserie ronde à la crème pâtissière, avec une sorte de chapeau

___ **B** pâtisserie ronde fourrée de crème au praliné

___ **C** pâtisserie à pâte feuilletée couverte de sucre glace et de fondant

___ **D** pâtisserie ronde fourrée de chantilly décorée d'une cerise

___ **E** pâtisserie ronde imbibée de rhum

Kennen Sie sich mit den vielen Meeresfrüchten auf der Karte aus?

Plateau de fruits de mer

1

2

3

A des crevettes

B des moules

C un crabe

Wussten Sie, dass die Passagierschiffe *Queen Mary 2, Normandie, France* sowie die Riesentanker *Batillus* und *Prairial* und der Flugzeugträger *Foch* in der großen Werft von **Nantes-Saint-Nazaire (Les Chantiers de l'Atlantique)** gebaut wurden?

Vocabulaire maritime

Kennen Sie sich mit den Begriffen rund um den Hafen aus?

1. On y trouve les bateaux.
2. Il aide les marins à s'orienter.
3. Les pêcheurs y vendent leur pêche.
4. Un lieu idéal pour la pêche ou la promenade.
5. On peut s'y allonger et profiter du soleil.
6. Pour attacher le bateau au quai.

___ A la criée

___ B le port de plaisance

___ C la digue/la jetée

___ D le phare

___ E la corde

___ F la plage

Ils sont fous, ces Romains !

Vestiges romains

Die Römer – **les Romains** – haben viele Spuren in Frankreich hinterlassen. Ordnen Sie zu.

A L'arc de Germanicus, Saintes

B Le Pont du Gard

C Les Arènes de Nîmes

D La Porte de Mars, Reims

Les Gaulois

Stimmen diese Aussagen über die Gallier? Kreuzen Sie an, richtig (vrai) oder falsch (faux).

Wussten sie, dass in Gallien Männer ein Durchschnittsalter von 27 Jahren und Frauen von 22 Jahren erreichten?

		VRAI	FAUX
A	Le druide est l'homme sage *(weise)* : historien, théologue, philosophe et conseiller *(Ratgeber)* de guerre.	☐	☐
B	Les Gaulois ont peur que le ciel leur tombe sur la tête.	☐	☐
C	Les Gaulois aiment boire du vin de miel (de l'hydromel) et de la bière (la cervoise).	☐	☐
D	Les Gaulois ont un seul Dieu, Epona.	☐	☐
E	La Gaule s'étend *(erstreckt sich)* jusqu'à la Russie.	☐	☐
F	Les Gaulois élèvent *(züchten)* des chevaux, on les trouve souvent sur leurs pièces de monnaie *(Münzen)*.	☐	☐

Chiffres romains en France

Wissen Sie, wofür man römische Ziffern auf Französisch verwendet? Ergänzen Sie.

Ve MDXV XVI Ier

1. Au ____ siècle après Jésus Christ, c'est la fin de la Gaule Romaine.
2. La vieille maison date de ________.
3. François _____ est le premier roi important de la Renaissance française.
4. Louis _____ a été guillotiné avec Marie-Antoinette.

Le neuvième art

Astérix ist Ihnen ein Begriff zur **Bande dessinée (B.D.)**? Wir haben das Kapitel unter seinen Lieblingsspruch gestellt. Kennen Sie auch andere französische bzw. belgische Comics?

In Frankreich sind Comics (BD) nicht nur etwas für Kinder: Viele Erwachsene lesen Comics und es gibt zahlreiche Varianten, von lustig bis ironisch, historisch bis fantastisch, literarisch bis politisch, schwarz-weiß bis bunt.

1. Je suis une petite Bretonne à Paris.

- ☐ **A** Géraldine
- ☐ **B** Bécassine
- ☐ **C** Tartine
- ☐ **D** Clémentine

2. En français, mon chien s'appelle **Milou**:

- ☐ **A** Tintin
- ☐ **B** Astérix
- ☐ **C** Les Bidochon
- ☐ **D** Titeuf

3. Il ne m'arrive toujours que des malheurs (*Patzer*):

- ☐ **A** Les Pieds Nickelés
- ☐ **B** Les Schtroumpfs
- ☐ **C** Gaston Lagaffe
- ☐ **D** Tintin

4. **Les Frustrés**, une BD dans **le Nouvel-Observateur**, m'ont rendue célèbre:

- ☐ **A** Claire Chazal
- ☐ **B** Claire Bretécher
- ☐ **C** Marie Claire
- ☐ **D** Anne Sinclair

Ils sont fous, ces Romains !

Astérix

Sie möchten den Parc Astérix bei Paris besichtigen? Dann sollten Sie wissen, wer wer ist im berühmtesten Comic Frankreichs.

Im Parc Astérix in Paris tauchen Sie in die Geschichte ein: **La Gaule, l'Empire Romain, la Grèce Antique, les Vikings, l'Égypte** und die Zeit von Astérix' Urenkel!

1. Astérix
2. Obélix
3. Panoramix (dt. *Miraculix*)
4. Idéfix
5. Abraracourcix (dt. *Majestix*)
6. Âgecanonix (dt. *Methusalix*)
7. Assurancetourix (dt. *Troubadix*)

___ **A** le héros de la B.D.

___ **B** le chien

___ **C** le meilleur ami d'Astérix

___ **D** le chef du village

___ **E** le druide du village

___ **F** le plus vieil homme du village

___ **G** le barde (chanteur) du village

Histoire gallo-romaine

In der Schlange verstecken sich historische gallische Begriffe. Finden Sie sie?

arnarbonneilvercingétorixkikilyoniiiaugusteitionalésiair

1. ______________________
2. ______________________
3. ______________________
4. ______________________
5. ______________________

Der junge Fürst **Vercingétorix** vereinigte 52 v. Chr. – im 7. Jahr des Gallischen Krieges – fast alle gallischen Völker zum letzten großen, aber erfolglosen Versuch, ihre Unabhängigkeit gegen die römischen Eroberer unter Caesar zu verteidigen

Locutions latines

Carpe diem kennen Sie sicherlich, aber auf Französisch verwendet man noch viele andere lateinische Ausdrücke. Wie sagen Sie …

1. und so weiter
2. von vornherein
3. merke
4. grob, ungefähr
5. und anders herum
6. tatsächlich
7. im letzten Moment
8. Gleichstand (beim Sport)

___ **A** vice versa

___ **B** et cætera

___ **C** nota bene

___ **D** à priori

___ **E** grosso modo

___ **F** ex aequo

___ **G** de facto

___ **H** in extremis

Mots latins

Ergänzen Sie die Lücken mit dem passenden lateinischen Wort.

1. Le suspect a un ________________.
2. Je cherche un mot dans l'________________.
3. Je cherche un job et il me faut mon ________________.
4. Je me lave les mains dans le ________________.
5. 100 %, c'est le ________________!
6. Le président a donné son ________________.

A veto

B lavabo

C curriculum vitae

D maximum

E alibi

F index

Gavé beau, le Sud-Ouest !

La plus grande dune d'Europe

Jedes Jahr besuchen deutlich über eine Million Touristen die **Dune du Pyla** (oder **Pilat**), die aus 87 Hektar Sand besteht. Vom Kiefernwald-Sockel aus geht es zu Fuß durch den tiefen Sand oder über die Treppe, von oben blickt man auf das **Becken von Arcachon**, die Halbinsel **Lège-Cap Ferret** mit dem dahinter liegenden Atlantik und auf die unendlichen Kiefernwälder der **Landes de Gascogne**. Und Abenteuerlustige können sich den meerseitigen Hang vom Gleitschirm aus von oben ansehen!

Une tranche de foie gras ?

Schon mal eine Scheibe mit Leberwurst-Toast, Feigengelee und einem Glas Sauternes probiert? Dann war das sicher eine **foie gras** (d'oie oder **de canard**) aus dem Südwesten, wo Dreiviertel dieser französischen Delikatesse hergestellt werden! Frankreich ist der **erste Produzent der Welt**, auch wenn die Mast-Form in zahlreichen Staaten als Tierquälerei verboten ist. 2005 wurde die Stopfleber in Frankreich zum **„nationalen und gastronomischen Kulturerbe“** erklärt und ist dadurch von französischen Tierschutzgesetzen ausgenommen. Übrigens: Die EU erlaubt Import und Verkauf und Deutschland ist der fünftgrößte Abnehmer!

Gavé beau, le Sud-Ouest !

Villes du Sud-Ouest

Zu welchen Städten passen diese Bilder?

1

2

3

4

A Toulouse **B** Albi **C** Périgueux **D** Bordeaux

La Dordogne

Kennen Sie die wichtigsten Daten über die Dordogne?

Le Périgord
nennt man die ehemalige Grafschaft, die ungefähr dem jetzigen Département **Dordogne** entspricht. Man spricht von 4 Périgords: le **Périgord Blanc** um Périgueux (Farbe der Kalksteinfelsen und hellen Getreidefelder), le **Périgord Noir** um Sarlat (dunkle, immergrünen Steineichenwälder und Trüffel), le **Périgord Vert** im Norden (grüne Auen) und le **Périgord Pourpre** im Südwesten (Weingebiet).

1. 35.000 ans av. JC vivait en Dordogne

- ☐ **A** l'homme de Néandertal.
- ☐ **B** l'homme de Cro-Magnon.
- ☐ **C** l'abominable homme des Neiges.

2. On voit des fresques de la **Préhistoire** à

- ☐ **A** Lescaut.
- ☐ **B** Lasso.
- ☐ **C** Lascaux.

3. Ce philosophe célèbre vient de la région.

- ☐ **A** Montaigne
- ☐ **B** Descartes
- ☐ **C** Pascal

4. Les habitants de la Dordogne ont réutilisé les cavernes préhistoriques *(Höhlen)* pendant

- ☐ **A** la Révolution.
- ☐ **B** l'attaque des Vikings.
- ☐ **C** le tremblement de terre.

Hier ist der Weinkenner gefragt! Welchen Bordeaux-Wein kann man zu welchem Gericht trinken?

1. Poisson ou fruits de mer ___
2. Viande rouge ___, ___, ___
3. Dessert ___, ___

A crémant de Bordeaux

B Château-Margaux

C Sauternes

D Entre-Deux-Mers

E Lalande-de-Pomerol

F Saint-Émilion

Bordeaux et le vin

Wissen Sie, was das Wort **château** in der Bordeaux-Bezeichnung bedeutet? Château-Weine stammen aus Trauben eines einzigen Gutsbesitzes, der kein Schlossgebäude besitzen muss, dessen Bezeichnung aber wenigstens aus einem Flurnamen hergeleitet werden kann. Hergestellt werden kann der Wein auch in einem benachbarten Gut oder in einer Genossenschaftskellerei. Der Ruf des Châteaus spielt bei der Beurteilung eines Bordeauxweines eine sehr große Rolle!

Spécialités du Sud-Ouest

Wissen Sie, welche Spezialitäten auf den Fotos dargestellt sind?

1

2

3

4

A la salade landaise

B la piperade du Pays Basque

C le cassoulet toulousain

D les canelés bordelais

Gavé beau, le Sud-Ouest !

Langue d'oc

Wissen Sie, was die fett markierten Wörter bedeuten?

1. une **poche**
2. une **chocolatine**
3. Il fait **gavé** chaud.
4. J'ai la **quinte**.

___ **A** un sac

___ **B** très

___ **C** un pain au chocolat

___ **D** Je suis déçu.

La langue d'oc, auch **occitan** genannt, bezeichnet eine romanische Sprache, die man im südlichen Drittel Frankreichs spricht, sowie in Teilen von Italien und Spanien. Schätzungen zufolge verwenden sie 1-2 Millionen Sprecher noch täglich, jedoch hauptsächlich im privaten Umfeld. So ist die einstige Kultursprache des Mittelalters, die Sprache der **Troubadour** (französische Minnesänger), heute auf der Liste der vom Aussterben bedrohten Sprachen.

On va se baigner ?

Können Sie die Schilder ihrer Bedeutung zuordnen?

1

2

3

4

A Keine Badeaufsicht

B Informationen über die Badeaufsicht

C Baden auf eigene Verantwortung

D gefährliches Baden, Schiffsverkehr

À la plage

Was nehmen Sie mit zum Strand? Kreuzen Sie an.

- ☐ **1.** une serviette
- ☐ **2.** des skis
- ☐ **3.** des lunettes de soleil
- ☐ **4.** un maillot de bain
- ☐ **5.** un parapluie
- ☐ **6.** un parasol
- ☐ **7.** un microscope

Jeux de plage

Wie heißen diese Dinge rund um den Badespaß?

1 

2 

3 

4 

A bateau pneumatique

B bouée

C seau et pelle

D château de sable

Le roi est mort, vive le Roi !

Rois de France

Welcher König war es? Verbinden Sie.

1. Clovis 1er (481-511)
2. Charlemagne (768-814)
3. Hugues Capet (987-996)
4. François 1er (1515-1547)
5. Henri IV (1589-1610)
6. Louis XIV (1643-1715)
7. Louis XVI (1774-1792)

___ **A** passe pour le premier roi du Royaume des Francs.

___ **B** a été le premier roi de la dynastie des Capétiens *(Kapetinger)*.

___ **C** a été le roi de la Renaissance.

___ **D** également appelé Roi Soleil, il avait son château à Versailles.

___ **E** a été le roi pendant la Révolution.

___ **F** a signé l'Édit de Nantes, un traité de paix *(Friedensabkommen)* entre les Catholiques et les Protestants pendant la Révolution.

___ **G** a été couronné empereur à Rome.

Châteaux royaux

Können Sie die **châteaux de la Loire** richtig zuordnen?

Der Ausdruck **châteaux de la Loire** umfasst eine große Anzahl von französischen Schlössern, die sich im **Loire-Tal** befinden. Die französischen Könige in der **Renaissance française** hatten ihren Hofsitz (**la Cour**) in dieser Region und ließen die Schlösser deshalb erbauen oder renovieren.

A château de Blois **B** château de Chambord

C château d'Azay-le-Rideau **D** château de Chinon

Können Sie diese Fragen zur französischen Politik beantworten?

Politique

1. Le PS est un parti... ?
- ☐ **A** socialiste
- ☐ **B** communiste
- ☐ **C** chrétien

2. Qui a créé le Front National ?
- ☐ **A** François Mitterrand
- ☐ **B** Jean-Marie le Pen
- ☐ **C** Marine Le Pen

3. De quel parti sont J. Chirac et N. Sarkozy ?
- ☐ **A** les Verts
- ☐ **B** les Pirates
- ☐ **C** UMP

4. Pour combien d'années le Président de la République est-il élu *(gewählt)* ?
- ☐ **A** 7 ans
- ☐ **B** 4 ans
- ☐ **C** 5 ans

Le palais de l'Élysée ist ein Privathotel, das sich in der Nr. 55, **rue du Faubourg-Saint-Honoré**, im **8. arrondissement** von Paris befindet. Es wurde 1720 gebaut und ist der Sitz des **Président de la République** seit 1848.

Alles dreht sich um Nachrichten, aber können Sie die Medien zuordnen?

Le tour de l'info

1. Fernsehen ______________________
2. gedruckte Presse ______________________
3. Radio ______________________

A Le Point

B Le journal de 20 heures

C Radio France Politique

G France Info

D Télématin

E Soir 3

F Le Nouvel Observateur

H L'Express

I Le Monde diplomatique

J France Culture

Le roi est mort, vive le Roi !

Administration

Wissen Sie, was sich hinter diesen Begriffen rund um die Verwaltung verbirgt?

1. la mairie
2. la Sécurité Sociale
3. le tribunal de justice
4. la police municipale
5. la Chambre de commerce
6. l'A.N.P.E.

___ **A** Rathaus ___ **B** Gericht

___ **C** Lokalpolizei ___ **D** Arbeitsamt

___ **E** Handelskammer

___ **F** Krankenversicherung

Galette des rois

Was wissen Sie über den „Kuchen der Könige"? Streichen Sie das falsche Element durch.

Die Geschichte der **Galette** geht auf die **römische Saturnwoche**, ein 7-tägiges Fest, an dem Kinder mit Kuchen beschenkt wurden und auf das **Epiphania-Fest** zum Gedenken an die Heiligen Drei Könige zurück. In Frankreich ist der Kuchen sehr beliebt und wird in allen Variationen, z. B. mit Fruchtfüllung, angeboten.

1. On mange la galette des rois **le 06.01/06.06** .
2. La galette est **en brioche/en pâte feuilletée** *(Blätterteig)*/ **en pâte brisée** *(Mürbeteig)*.
3. **Une fève** *(dicke Bohne)*/**une figure en porcelaine**/ **un noyau de cerise** *(Kirschkern)* est cachée dans la galette.
4. Celui qui a la fève, est **le roi**/ **doit chanter une chanson**/ **doit payer le gâteau** suivant.
5. La forme ronde de la galette symbolise **le soleil**/**la lune et la couleur de l'or**/**la lumière**.

Finden Sie die unterschiedlichen politischen Ressorts in der Buchstabenschlange?

Ressorts politiques

économiefinancesjusticeéducationtravailenvironnementsantédéfense

Wussten Sie, dass der Innenminister **Ministre de l'Intérieur** und der Außenminister **Ministre des Affaires étrangères** heißen?

1. ______
2. ______
3. ______
4. ______
5. ______
6. ______
7. ______
8. ______

Was ist was? Ordnen Sie zu.

Noblesse oblige

1. le roi
2. le comte
3. le duc
4. la reine
5. la comtesse
6. le prince
7. la duchesse
8. la princesse

___ A die Prinzessin

___ B der König

___ C der Herzog

___ D der Prinz

___ E die Gräfin

___ F die Herzogin

___ G die Königin

___ H der Graf

Le Roi est mort, vive le Roi ! ist ein traditioneller Satz, der ausgesprochen wird, wenn ein neuer König ernannt wird. Dieser Satz wurde ursprünglich bei der Ernennung von **Charles VII** nach dem Tod von **Charles VI** verwendet und bedeutet, dass die Ernennung zum König direkt mit dem Tod des vorigen Königs erfolgt.

Sur le pont d'Avignon…

Les calanques de Marseille

Zwischen Marseille und Cassis erstreckt sich der wunderbare, 20 km lange **Parc National des Calanques**, eine besonderere Anreihung von steilen Klippenwänden im Kalkgestein der Küste der **Méditerranée**. Die Buchten haben einen fjordartigen Charakter und ein besonderes Ökosystem, da die Pflanzen direkt aus den Felsspalten oder Steinrissen wachsen. Zu den bekanntesten Calanques gehören **Sormiou, En Vau** und **Port-Miou.** Die Calanques sind ein Paradies für Wanderer und Kletterer.

Grasse, la capitale du parfum

Patrick Süskind hat sie zum Handlungsort seines Buches **Das Parfüm** gemacht, denn im Mittelalter war in Grasse das Gerberhandwerk sehr verbreitet und als um 1600 die Mode aufkam, **Handschuhe zu parfümieren**, schwang man um auf die Herstellung von Duftstoffen. Die Parfümeure aus Grasse spezialisierten sich auf die Extraktion des Blütensafts, besonders von **Orangenblüten und Jasmin**. Bis heute ist Grasse die Hauptstadt des Parfüms und es werden jährlich **10 000 Tonnen** Blüten verarbeitet. Ungefähr dreißig Parfümfabriken in und um Grasse verschicken ihre Produkte in die ganze Welt.

Sur le pont d'Avignon…

Villes du Sud-Est

Welche Städte gehören zu welcher Region? Ordnen Sie die Städtenamen den entsprechenden Zahlen zu.

___ **A** Carcassonne

___ **B** Cannes

___ **C** Nîmes

___ **D** Marseille

___ **E** Nice

___ **F** Aix-en Provence

___ **G** Perpignan

___ **H** Montpellier

___ **I** Narbonne

___ **J** Avignon

Sites touristiques

Wissen Sie, zu welcher Stadt diese Sehenswürdigkeiten gehören?

A la forteresse de Carcassonne

B le Mont-Ventoux

C les Gorges du Verdon

D le Palais des Papes à Avignon

Wussten Sie, dass einer Anekdote nach, die Herrin **Dame Carcas** die Glocke läutete, um die Bewohner über das Ende der Stadtbelagerung zu informieren und dass diese dann **„Carcas sonne!"** *(Carcas läutet)* schrien, was dann zum Namen der Stadt **Carcassonne** wurde?

Typiquement provençal

Kennen Sie die **santons de Provence**? Es sind kleine, bunte Tonfiguren, die die Weihnachtsfiguren sowie zahlreiche Bewohner eines typischen provenzalischen Dorfes mit ihren traditionellen Berufen darstellen. Alle gehen durch eine provenzalische Landschaft und bringen dem Jesuskind Präsente.

Was ist typisch provenzalisch? Kreuzen Sie an.

☐ **1.** les olives ☐ **2.** le pastis ☐ **3.** les crêpes

☐ **4.** la lavande ☐ **5.** les bijoux ☐ **6.** le parfum

☐ **7.** les herbes ☐ **8.** l'aïoli ☐ **9.** la pétanque ☐ **10.** le pénequet

Qui suis-je ?

Finden Sie anhand der Angaben heraus, welcher Name hier gesucht wird?

1. Je me trouve à 20 km de Nice.

2. Je suis une ville et un pays.

3. Je suis un petit peu plus grande que le Vatican.

4. Ma langue officielle est le français.

5. La dynastie Grimaldi règne chez moi.

Je suis ______________.

Sur le pont d'Avignon…

La tapenade

Wissen Sie, was in die **Tapenade**, einen typisch provenzalischen Brotaufstrich oder Dip, hineingehört?

Das Rezept wurde 1880 vom **Chef Meynier** in Marseille erfunden, der nach einer Füllung für seine hart gekochten Eier suchte. Seitdem wurde das Rezept angepasst und es gibt eine schwarze und eine grüne Version, beide isst man mit Toasts, meistens zum Apéritif.

- ☐ **1.** des anchois
- ☐ **2.** de l'ail
- ☐ **3.** des tomates
- ☐ **4.** du citron
- ☐ **5.** des câpres
- ☐ **6.** des olives

Das berühmte Volkslied stammt aus dem 15. Jahrhundert und kann nach Belieben weiter fortgesungen werden, indem man die Sätze 3 und 4 durch andere Personen ersetzt (**les beaux messieurs, les officiers, les musiciens etc.**). Ursprünglich wurde eher unter der Brücke getanzt, da auf einer Insel mitten in der Rhône, die von der Brücke überquert wurde, ein Tanz- und Festplatz war und so singen manche auch « **Sous le pont d'Avignon…** ».

Dansons la ronde

Können Sie das berühmte Kinderlied ergänzen?

1. Sur le pont ____________,
l'on y ____________,
l'on y ____________,

2. Sur le ________ d'Avignon,
l'on y danse tous en ________ .

3. Les belles dames font comme ________.

4. Et puis ____________ comme ça.

5. Sur le pont d'Avignon, l'on y danse ____________.

A pont
B tous en rond
C rond
D d'Avignon
E danse
F danse
G ça
H encore

Écrivains provençaux

Welche provenzalischen Autoren haben welche Werke geschrieben?

1. Marcel Pagnol
2. Alphonse Daudet
3. Émile Zola
4. Edmond Rostand
5. Henri Bosco

___ **A** *Germinal*

___ **B** *Les Lettres de mon Moulin*

___ **C** *Cyrano de Bergerac*

___ **D** *La gloire de mon père*

___ **E** *L'enfant et la rivière*

Marcel Pagnol, dessen erster Roman hier in der Übung gesucht wird, ist der Inbegriff des provenzalischen Autors. In seinen Büchern, von denen viele verfilmt wurden (u. a. mit **Gérard Depardieu**), schrieb er viele Kindheitserinnerungen aus der Provence nieder.

Herbes de Provence

Ordnen Sie die Bezeichnungen den Bildern der Kräuter der Provence zu.

1

2

3

4

A le romarin

B la marjolaine

C le basilic

D le thym

L'art de vivre

Les sept arts

Können Sie die Kunst dem jeweiligen Objekt zuordnen?

1. la peinture
2. la sculpture
3. l'architecture
4. la danse
5. la musique
6. la littérature
7. le cinéma

___ **A** les notes
___ **B** le film
___ **C** le tableau
___ **D** le tutu
___ **E** les bâtiments
___ **F** la pierre
___ **G** le livre

Diese 7 Richtungen der Kunst werden in Frankreich traditionell in dieser Reihenfolge geordnet, was zu der häufigen Bezeichnung **le septième art** für das Kino und **le neuvième art** für **la bande dessinée** geführt hat. Die achte Kunst umfasst Radio, Fernsehen und Fotografie ist aber als Bezeichnung wenig gebräuchlich.

Que de spectacles !

Können Sie die Veranstaltungen den Bildern zuordnen?

A le concert

B l'exposition

C le ballet

D le cinéma

Quel cinéma !

Können Sie die Fragen zum Kino beantworten?

1. Wie heißt der Preis beim **Festival de Cannes**?

- ☐ **A** la plume d'or
- ☐ **B** la palme d'or
- ☐ **C** le césar

2. Wie heißt die Verleihung des größten nationalen Kinopreises Frankreichs?

- ☐ **A** la cérémonie des Oscars
- ☐ **B** la cérémonie des Gaspards
- ☐ **C** la cérémonie des Césars

3. Wie nennt man Kinoliebhaber?

- ☐ **A** cinéphobes
- ☐ **B** cinéphones
- ☐ **C** cinéphiles

4. Was kann man während des **Fête du cinéma** machen?

- ☐ **A** kostenlos ins Kino gehen
- ☐ **B** einmal bezahlen und mehrere Tage beliebig vergünstigt ins Kino gehen
- ☐ **C** kostenlos im Kino essen und trinken

Die **Internationalen Filmfestspiele von Cannes** gelten als eines der weltweit bedeutendsten Filmfestivals und werden seit 1946 jährlich im Mai in Cannes an der französischen Côte d'Azur veranstaltet.

Silence, on tourne...

Welche berühmten Schauspieler haben sich hier versteckt? Ergänzen Sie.

DEPARDIEUDELONBOONDENEUVEDEFUNÈSRENOBINOCHE

- **A** Catherine ______________________
- **B** Dany ______________________
- **C** Gérard ______________________
- **D** Louis ______________________
- **E** Alain ______________________
- **F** Juliette ______________________
- **G** Jean ______________________

L'art de vivre

Une place, s'il vous plaît.

Was sagen Sie, wenn Sie ...

1. ... zwei Kinokarten kaufen möchten?
2. ... die Spätvorstellung sehen möchten?
3. ... wissen möchten, ob der Film im Original gezeigt wird?
4. ... den Krimi sehen möchten?

___ **A** Le film est en V.O. ?

___ **B** Trois billets pour le film policier, s'il vous plaît.

___ **C** C'est pour la séance de 23 heures.

___ **D** Je voudrais deux places, s'il vous plaît.

Genres cinématographiques

Ergänzen Sie die Lücken mit dem richtigen Filmgenre.

1. *Kirikou et la sorcière* et *Arthur et les Minimoys* sont des ________________.
2. *Le hobbit* est un ________________.
3. Le film *Les Chtis* est une ________________.
4. Le film *La planète bleue* est un ________________.
5. *Zorro* est un ________________.
6. *La Reine Margot* est un ________________.
7. *Il était une fois dans l'Ouest* est un ________________.

A film d'aventure

B comédie

C film fantastique

D western

E dessins animés

F documentaire

G film historique

Statues célèbres

Kennen Sie sich mit berühmten Skulpturen aus? Ordnen Sie zu.

A Jeanne d'Arc

B la Vénus de Milo

C le Penseur de Rodin

D Napoléon

Wussten Sie, dass die höchste architektonische Struktur in Frankreich, die von Menschenhand erbaut wurde, der Pfeiler der großen Brücke **Viaduc de Millau** ist? Sie ist 343 Meter hoch und somit höher als der Eiffelturm (325 Meter).

C'est tout un art.

Wissen Sie, was die Redewendungen um das Wort **art** – Kunst bedeuten?

1. dans les règles de l'art
2. une œuvre d'art
3. les Beaux-Arts
4. l'enfance de l'art
5. l'art de vivre

___ **A** quelque chose de facile à réaliser

___ **B** un chef-d'œuvre

___ **C** le fait de profiter de la vie

___ **D** selon les règles et normes

___ **E** peinture, sculpture, gravure et architecture

L’île de beauté

Terre de légendes

Zu dem Namen der **île de Corse** gibt es zahlreiche **Legenden**. Eine der hartnäckigsten vermutet, dass die griechische Bezeichnung für die Insel **Kalliste** (« **la plus belle** ») als Wurzel für den heutigen Namen ist. Andere machen **Corsus,** den Sohn von **Herkules** oder **Corsica**, eine ligurische Frau, die das Land entdeckte, als sie einem schwimmenden Stier dorthin gefolgt war, für den Namen verantwortlich. Man geht heute davon aus, dass Korsika dem phönizischen Begriff **cyrne**, **von Wäldern bedeckt**, seinen Namen schuldet.

Le désert des Agriates

Wussten Sie, dass die Region **L'Agriate** oft noch zu Unrecht « **désert des Agriates** » genannt wird, obwohl sie fruchtbare Getreide- und Olivenfelder bietet? Man findet hier den mediterranen Buschwald (Heidekraut, grüne Eichen- und Olivenbäume) sowie maritime Pinienbäume. Das Naturgebiet erstreckt sich auf 15.000 Hektar und befindet sich zwischen dem **Massif du Tenda** und dem **Mittelmeer**. Die Entdeckung der Küste, einer Aneinanderreihung von Kaps und feinen Sandstränden wirkt wie ein **Paradies**!

L'île de beauté

Îles françaises

Das Übersee-Frankeich, oft **DOM-TOM (départements et territoires d'Outre-Mer)** genannt, beinhaltet alle Gebiete, die französische Souveränität haben, aber sich außerhalb Europas befinden.

Nicht nur Korsika, sondern auch andere Inseln gehören administrativ zu Frankreich. Aber auf welchen Kontinenten befinden Sie sich? Ordnen Sie zu.

Île, DOM, TOM		Continent
1. Corse	___	**A** Afrique
2. île de la Réunion et Mayotte	___	**B** Europe
3. Martinique et Guadeloupe	___	**C** Amérique centrale
4. Guyane	___	**D** Amérique du Sud
5. Saint-Pierre et Miquelon	___	**E** Australie
6. Nouvelle Calédonie	___	**F** Amérique du Nord

Villes corses

Wissen Sie, welche dieser Städte sich auf Korsika befinden? Kreuzen Sie diese an.

☐ Bastia

☐ Fort de France

☐ Cayenne

☐ Noumea

☐ Ajaccio

La langue corse

Können Sie die Fragen zur korsischen Sprache beantworten?

1. Pendant la période romaine, en Corse, on parlait
- ☐ **A** le latin.
- ☐ **B** le grec.
- ☐ **C** le français actuel.

2. Le corse ressemble à l'italien car
- ☐ **A** les deux langues viennent du latin.
- ☐ **B** les deux langues viennent du toscan.
- ☐ **C** les deux langues viennent du basque.

3. À l'école, la langue corse est
- ☐ **A** une matière obligatoire *(Pflichtfach)*
- ☐ **B** n'est pas enseignée.
- ☐ **C** une matière facultative *(Wahlfach)*.

4. Le corse est l'une des langues
- ☐ **A** les plus parléees en France.
- ☐ **B** les plus menacées du monde *(bedroht)*.
- ☐ **C** les plus difficiles du monde.

Spécialités culinaires d'ailleurs

Können Sie diese Spezialitäten aus den französischsprachigen Ländern den Fotos zuordnen?

___ **A** le couscous du Maghreb

___ **B** le brocciu, fromage de Corse

___ **C** les canistrelli, biscuits corses

___ **D** le boudin créole aux fruits des Antilles

L'île de beauté

Personnalités corses

Wissen Sie, welche Persönlichkeit was gemacht hat?

1. Il est né en Corse et a chanté Petit Papa Noël.
2. Il était dans l'équipe nationale de football pour la coupe du monde de 1978.
3. Il était Italien, mais a écrit des livres en corse.
4. Il est devenu célèbre dans la comédie musicale Notre-Dame de Paris et chante des chants corses.

___ **A** Salvatore Viale

___ **B** Tino Rossi

___ **C** Claude Papi

___ **D** Patrick Fiori

Spécialement corse

Wissen Sie, was sich hinter diesen Begriffen verbirgt?

Die korsische Flagge stellt einen **Mauren-Kopf** dar und wurde von der korsischen Republik (1755-1769) verwendet, bevor sie verboten wurde, als Frankreich die Insel der Republik von Genua abkaufte. Seit 1980 ist sie die regionale Flagge Korsikas.

1. Le ________________ est une légende corse qui ressemble au chamanisme.
2. La Corse se trouve près de l'île italienne ________________.
3. En 1768, le ________________ déclare que la Corse fait partie de la France.
4. Le ________________ veut l'indépendance de la Corse.

A mazzérisme **B** FLNC

C Traité de Versailles **D** la Sardaigne

Die Korsen sind stolz auf ihre Sprache, sie ist Teil ihrer Identität. Ortsschilder sind auch zweisprachig, werden allerdings oft von Separatisten beschädigt, indem sie entweder von Schrotkugeln durchlöchert werden oder der französische Name geschwärzt wird. Französisch ist allerdings die dominierende Alltagssprache, Korsisch wird aber von vielen als Zweitsprache gesprochen.

Expressions corses

Erraten Sie, was diese korsischen Redewendungen bedeuten?

1. Comment tu restes ?
2. Avà !
3. Va be !
4. le gaulois
5. Aio !
6. Capiscu nunda.

___ **A** C'est pas vrai !

___ **B** Alors ! (impatient)

___ **C** Comment vas-tu ?

___ **D** Ça va !

___ **E** Je ne comprend rien.

___ **F** le français

Voyage, voyage...

Was nehmen Sie mit in Ihren nächsten Sommerurlaub? Kreuzen Sie an.

- ☐ **1.** des lunettes de soleil
- ☐ **2.** un appareil-photo
- ☐ **3.** une combinaison de ski
- ☐ **4.** de la crème solaire
- ☐ **5.** des chaussures de marche
- ☐ **6.** un tutu
- ☐ **7.** un bonnet
- ☐ **8.** des gants
- ☐ **9.** une casquette
- ☐ **10.** une carte de randonnée

Chevaliers de la table ronde

Vestiges du Moyen-Âge

Können Sie diesen Burgen ihren Namen wiedergeben?

Le chantier de Guédelon ist eine Baustelle in der Bourgogne, bei der man 1998 begonnen hat, mit den Mitteln und Werkzeugen von damals eine mittelalterliche Burg zu bauen. Bis zur Fertigstellung wird es vermutlich insgesamt ca. 25 Jahre dauern. Sie haben also noch ein wenig Zeit für einen Besuch auf der Baustelle.

A le château de Roquetaillade, Landes

B le château de Bonaguil, Gironde

C le château de Haut-Königsbourg, Alsace

D le chantier de Guédelon, Bourgogne

Faits historiques

Wann fanden diese Ereignisse des Mittelalters statt? Verbinden Sie.

1. Christophe Colomb découvre l'Amérique.
2. Charles Martel arrête les Musulmans.
3. Invasions viking en France.
4. Odoacre vainc *(besiegt)* le dernier empereur romain d'Occident Romulus Augustulus.
5. Les Croisades *(Kreuzzüge)* contre les Musulmans.
6. Chute de Constantinople et fin de l'empire byzantin.

___ **A** 476
___ **B** 732
___ **C** 799-1017
___ **D** 1096-1272
___ **E** 1453
___ **F** 1492

Können Sie die Fragen über das Mittelalter beantworten?

Quiz moyenâgeux

1. Que récoltait-on *(ernten)* principalement au Moyen-Âge ?

☐ **A** Des céréales et des légumineuses (lentilles, haricots, fèves).
☐ **B** Du riz.
☐ **C** Des pommes de terre.

3. Comment appelait-on les fêtes où les chevaliers *(Ritter)* se battaient à cheval ?

☐ **A** Les guerres.
☐ **B** Les tournois.
☐ **C** Les donjons.

2. Les grandes occasions de faire du commerce dans les villes s'appelaient

☐ **A** les marchés.
☐ **B** les foires.
☐ **C** les arènes.

4. Quelle fête avait déjà lieu au Moyen- Âge autour d'un feu pour avoir une bonne récolte ?

☐ **A** L'Épiphanie.
☐ **B** La Toussaint.
☐ **C** La Fête de la Saint-Jean.

Können Sie diese Bezeichnungen für die vier Stände der Gesellschaft im Mittelalter wieder zuordnen?

Rangs du Moyen-Âge

1. le Clergé
2. la Noblesse
3. le Tiers-État
4. la Bourgeoisie

___ **A** le peuple
___ **B** la classe du milieu
___ **C** les hommes d'église
___ **D** les hommes de haut rang

Die Abschaffung des feudalabsolutistischen Ständestaats und der genannten **états** war dann ein Merkmal der französischen Revolution, die in der Stürmung der Bastille am 14.07.1789 ihren Höhepunkt fand.

Chevaliers de la table ronde

Chrétien de Troyes' Geschichten über die Ritter der Tafelrunde, **les chevaliers de la Table Ronde**, hatten einen großen Einfluss auf die Arthurlegende. König Arthur versammelte die Ritter um einen großen runden Tisch, ihr Ziel war die Suche des heiligen Grals. **Chevaliers de la table ronde, goûtons voir si le vin est bon** so lautet auch ein bekanntes französisches Volkslied: „*Kosten wir, ob der Wein gut ist!*".

Littérature

Können Sie diese Schriftsteller aus dem Mittelalter und dem 16. Jahrhundert ihren Werken zuordnen?

1. Chrétien de Troyes
2. François Rabelais
3. Michel de Montaigne
4. de Ronsard

___ A Essais

___ B Perceval ou le comte du Graal

___ C Gargantua et Pantagruel

___ D Poèmes

Fables

Können Sie die beiden bekanntesten Fabeln, von **Jean de la Fontaine** *Der Rabe und der Fuchs* und *Die Grille und die Ameise ergänzen*?

Le **1.** ______________ et le **2.** ______________
Maître corbeau sur un **3.** __________ perché *(erhöht)*, tenait en son bec *(Schnabel)* un **4.** __________. Maître renard, par l'odeur alléché *(angelockt)*, lui tint à peu près ce **5.** ______________ ...

A cigale
B corbeau
C fourmi
D renard
E arbre

La **6.** ______________ et la **7.** ______________
La cigale, ayant chanté tout l' **8.** __________, se trouva fort dépourvue *(mittellos)* quand la bise *(kalte Nordwind)* fut venue. Pas un seul petit morceau de **9.** __________ ou de vermisseau *(Würmchen)*. Elle alla crier famine *(Hunger)* chez la fourmi sa **10.** ______________ ...

F mouche
G été
H fromage
I langage
J voisine

Expressions du Moyen-Âge

Wissen Sie, was diese Redewendungen, die aus dem Mittelalter stammen, bedeuten?

1. à la queu leu leu
2. avoir plusieurs cordes à son arc
3. courtois
4. croiser le fer
5. le travail au noir

___ **A** le travail non déclaré officiellement

___ **B** l'un derrière l'autre

___ **C** se battre avec une épée

___ **D** avoir plusieurs moyens d'atteindre son but

___ **E** aimable, poli

Visite guidée

Sie möchten eine Burg besichtigen. Was sagen Sie, wenn Sie …

1. nach dem Weg zur Burg fragen?
2. in die Burg hineingehen möchten?
3. wissen möchten, wann die Führung losgeht?
4. die Sonderausstellung auch sehen möchten?

Attention faux-ami ! Le chateau d'eau ist nicht etwa ein sehenswertes romantisches Wasserschlösschen, nein, hinter diesem Begriff verbirgt sich meist ein eher unansehnlicher Wasserturm aus Beton!

___ **A** Je voudrais voir aussi l'exposition spéciale.

___ **B** Je voudrais deux billets d'entrée pour le château, s'il vous plaît.

___ **C** À quelle heure y a-t-il une visite guidée ?

___ **D** Pardon, où se trouve l'entrée du château, s'il vous plaît ?

Tout schuss

La Mer de glace

Haben Sie schon mal etwas von dem **Mer de Glace**, zu Deutsch Eismeer, gehört? Es ist der größte Gletscher Frankreichs, der viertgrößte Gletscher der Alpen und gehört zur **Mont Blanc-Gruppe**. Von der Zahnradbahnstation **Montenvers** aus glaubte man früher, als der Gletscher noch bis fast auf die Höhe der heutigen Bahnstation heraufreichte, ein wirklich flaches, aber **aufgewühltes Eismeer** zu betrachten. Die Fahrt mit der kleinen **roten Bahn** hinauf ist eine beliebte Urlaubsattraktion und wer mag, kann sogar im Sommer im Hotel Montenvers übernachten …

Le barrage de Tignes

Die beeindruckende **Talsperre**, auch **Barrage du chevril** genannt, ragt über das Isère-Tal empor, in der Nähe des **Wintersportortes Tignes**. Bei seiner Errichtung 1952 war sie die größte Bogenstaumauer Europas mit 181 m Höhe. Sie bleibt noch heute die größte Frankreichs. 1989 begann Jean-Marie Pierret ein riesiges Fresko, um die Talsperre zu dekorieren. Er wählte den Gott **Herkules**, um die **235 Millionen Liter Wasser** zu stauen, die der künstliche See **lac du chevril** enthält. Dieses Fresko ist weitgehend verblasst, bleibt aber mit 18.000 m^2 das größte der Welt!

Tout schuss

Montagnes françaises

Kennen Sie die fünf Bergmassive Frankreichs? Ordnen Sie zu.

Wussten Sie, dass man streng genommen das **Massif armoricain** wegen seiner Landschaften und der Natur seiner Böden auch zu den Bergmassiven Frankreichs zählt? Das alte Bergmassiv mit dem 416 Meter hohen Gipfel, le **Mont des Avaloirs**, erstreckt sich von der **Bretagne** bis in Teile der **Normandie** und des **Pays de la Loire**.

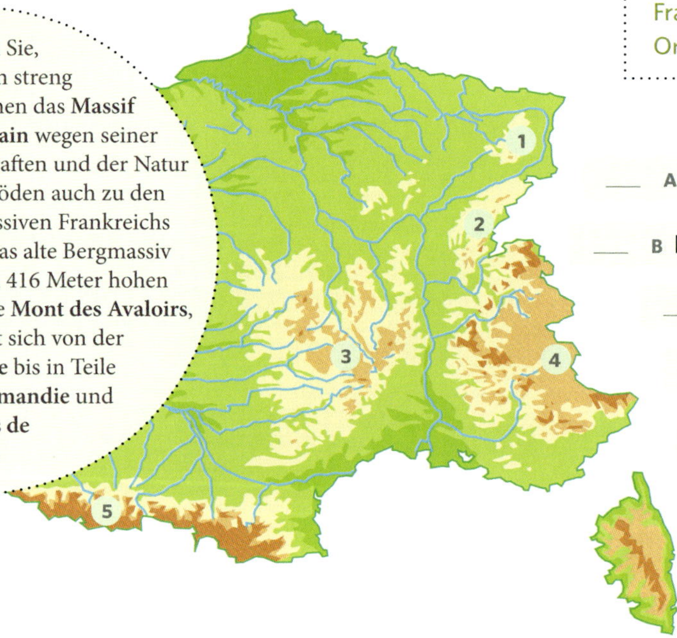

___ **A** les Alpes

___ **B** le Massif Central

___ **C** le Jura

___ **D** les Pyrénées

___ **E** les Vosges

Stations de ski

Finden Sie die bekannten Skiorte anhand der Definitionen heraus? Die Buchstaben in Klammern helfen Ihnen.

1. Je suis une station près de Grenoble et ma montée est une étape difficile du Tour de France : l'A_ _ _ d' H_ _ z. (uplee)
2. Je me trouve en Savoie et forme avec Méribel, Les Menuires et Val Thorens la région de ski Trois Vallées : C_ _ _ch _ _ _ l. (eoruev)
3. Mon sommet le plus haut fait 2491 mètres et je fais partie du Parc National des Écrins, dans les Hautes-Alpes : S_ _ _ _-Ch _ _ _ _ _ _r. (eeealirvre)
4. Je suis une station de ski des Vosges et malgré mon nom, je ne suis pas à la mer : G_ _ _ _ _ _r. (merérda)

Das Käsefondue ist die älteste Variante des als **Fondue** bezeichneten Gerichts und besteht in der **Savoie** aus den Käsesorten **Comté** und **Beaufort**. Vorsicht, derjenige, der ein Brotstück verliert, kriegt **un gage**, eine Strafe!

Spécialités savoyardes

Wissen Sie, welche Spezialitäten beschrieben werden?

___ **A** la fondue savoyarde

___ **B** la raclette

___ **C** le gratin dauphinois

___ **D** la tarte aux myrtilles

___ **E** le gâteau de Savoie

1. On fait fondre *(schmelzen)* le fromage de ce nom pour le verser sur des pommes de terre ou de la charcuterie.

2. Un gratin de pommes de terre avec du fromage et de l'ail.

3. Un gâteau délicieux avec des fruits rouges.

4. Un gâteau moelleux comme une génoise *(Biskuit)*.

5. On trempe *(taucht)* des morceaux de pain dans le fromage fondu.

La tartiflette

La tartiflette ist auch eine Spezialität aus der Savoie. Hier erhalten Sie das Rezept, das sie nur noch um die passenden Verben rund ums Kochen ergänzen müssen.

1. ____________ *(schälen)* les pommes de terre, les couper en dés, les laver et les essuyer. **2.** Faire ____________ *(erhitzen)* l'huile dans une poêle pour y faire rissoler les oignons.
3. ____________ *(hinzufügen)* ensuite les pommes de terre, faire dorer, puis rajouter les lardons et finir de cuire.
4. ____________ *(schneiden)* le reblochon en quatre.
5. ____________ *(vorbereiten)* le plat à gratin et frotter le fond et les bords avec de l'ail. **6.** ____________ *(vorheizen)* le four à 200° C. **7.** Dans le plat, ____________ *(hinein schütten)* les pommes de terre aux lardons et ____________ *(in den Ofen stellen)* pendant 20 minutes.

A chauffer

B Ajouter

C Préparer

D enfourner

E Éplucher

F Couper

G Préchauffer

H verser

Tout schuss

Quiz sportif

Kennen Sie sich im Sport aus? Welche Begriffe gehören zu welcher Sportart?

Wussten Sie, dass das ursprünglich deutsche Wort **schuss** auf Französisch eine Skiabfahrt bezeichnet? Daher stammt auch die Redewendung **tout schuss**, *sehr schnell, rasant.*

1

2

3

___ **A** le stade ___ **B** le court

___ **C** le filet ___ **D** la piste

___ **E** la descente ___ **F** le but

___ **G** la raquette ___ **I** le ballon ___ **K** les bâtons ___ **L** le télésiège

___ **H** la balle ___ **J** les chaussures à crampons

Sports d'hiver et d'été

Wissen Sie, welche Sportarten Winter- und welche Sommersportarten sind? Ordnen Sie zu.

1. sports d'hiver	**2.** sports d'été

A le ski de fond

B la bicyclette

C la luge

D le quad

E la randonnée

F le patin à glace

G la randonnée raquettes

H le beach volley

Sports de montagne

Können Sie den Fotos ihre Sportarten wieder zuordnen?

A l'escalade

B le rafting

C le parapente

D le scooter des neiges

1

2

3

4

Die Alpen bieten für Abenteurer auch exotische Sportarten wie zum Beispiel **canyoning**, eine Kombination aus Wandern und Schwimmen in Bächen und durch Wasserfälle oder **plongée sous glace**, das Tauchen unter einer dicken Schicht Eis!

Vive le sport !

Welche Kleidungsstücke können Sie beim Sport benutzen? Kreuzen Sie an.

- ☐ **1.** une casquette
- ☐ **2.** un pyjama
- ☐ **3.** un survêtement
- ☐ **4.** des tennis
- ☐ **5.** une robe de mariée
- ☐ **6.** des bottes en caoutchouc
- ☐ **7.** des chaussures de sport
- ☐ **8.** des baskets
- ☐ **9.** un short
- ☐ **10.** un cycliste

Schon mal von der französischen Kultmarke **Le coq sportif** gehört? Sie stellte Sportkleidung und Sportschuhe her und war im Weltsport sehr präsent, insbesondere als Partnermarke des Fußballweltmeisters Argentinien 1978. Ihr Emblem war der französische Hahn.

À la mode de chez nous

Lyon, capitale de...

Die drittgrößte Stadt Frankreichs hat viele inoffizielle Titel als „**capitale de...**" bekommen. Könnten Sie sie wieder zuordnen?

1. Im Jahre 27 vor J. C. wird **Lyon** (**Lugdunum**) zur **capitale des** ____________, den Titel behält sie sogar nach der Gründung Frankreichs.
2. Dank der lokalen Spezialitäten und der großen weltberühmten Köche wird sie zur capitale **mondiale de la** ____________.
3. Aufgrund ihrer Rolle im besetzten Frankreich (illegale Zeitungen, Widerstandsbewegungen, Festnahme von **Jean Moulin** in **Lyon**, Prozess von Klaus Barbie) ist sie **capitale de la** ____________.
4. 1472 gründet Barthélémy Buyer die erste Druckerei, während der Renaissance ist Lyon die **capitale de l'** ____________.
5. 1466 wird in Lyon die erste Seidenfabrik gegründet, so wird Lyon zur **capitale de la** ____________.
6. 1895 wird das Kino von den frères Auguste und Louis Lumière in Lyon erfunden, was der Stadt die Bezeichnung **capitale du** ____________ beschert.

A cinéma **B** Gaules **C** gastronomie **D** Résistance

E soie **F** imprimerie

Magasins

Die französischen Hypermärkte wie **E. Leclerc**, **Auchan** oder **Carrefour** sind oft in **centres commerciaux** integriert, die man mit den deutschen Einkaufspassagen vergleichen kann, jeweils in größeren Dimensionen!

Können Sie diese französischen **magasins** vom kleinsten zum größten ordnen? Nummerieren Sie die Geschäfte in aufsteigender Reihenfolge durch.

___ **A** la petite épicerie

___ **B** l'hypermarché

___ **C** le supermarché

___ **D** le discounter

___ **E** le centre commercial

Curiosités insolites

Sehen Sie sich die Fotos an, die besonders interessante Sehenswürdigkeiten von Lyon darstellen. Können Sie sie wieder zuordnen?

Kennen Sie die **traboules**? Es sind Wege zwischen Innenhöfen von Hochhäusern, die von einer Straße zur anderen führen und für Lyons Altstadt sehr typisch sind.

A l'Hôtel de Ville

B le stade de Gerland

C Quartier Saint-Jean et les traboules

D le pont rouge

Haute couture

Bringen Sie die Buchstaben in die richtige Reihenfolge, um die bekannten Namen der französischen **Haute Couture** zu finden!

Wussten Sie, dass in **Lyon** 1988 die erste und einzige Mode-Universität Frankreichs gegründet wurde? Durch das dortige Studium gelangt man zu unterschiedlichsten Mode-Berufen.

1. NIATSIRHC RDIO ____________________
2. NTAICHRIS XIOCRAL ____________________
3. JANE LUPA GTIERAUL ____________________
4. YHTIERR GLEMUR ____________________
5. PREEIR DINRAC ____________________
6. YSVE STINA-LTENAUR ____________________
7. CCOO CNHELA ____________________

À la mode de chez nous…

Au magasin de chaussures

Sind Sie in der Lage, sich in Frankreich Schuhe zu kaufen? Verbinden Sie die Antworten mit den entsprechenden Fragen!

1. Vous cherchez des bottes ?
2. Celles-ci, par exemple, sont jolies. Quelle est votre pointure ?
3. Elles vous vont bien ?
4. Tenez, je vous ai apporté les mêmes en 39.
5. Très bien, vous désirez un produit d'entretien pour le cuir ?

___ **A** Je fais du 38. Merci, je vais les essayer.

___ **B** Non, merci, j'ai déjà ce qu'il me faut à la maison.

___ **C** Oui, des noires en cuir, s'il vous plaît.

___ **D** Oh non, elles me serrent, elles sont trop petites.

___ **E** Celles-là sont parfaites, je les prends !

Comment faire ses achats

Faire du lèche-vitrine, also bummeln (wörtlich *Schaufenster-leckend*) ist im hektischen Alltag längst nicht mehr die alleinige Kaufweise der Franzosen. Welche andere gibt es? Verbinden Sie.

1. commander par catalogue (**La Redoute, les 3 Suisses**)
2. commander des vêtements, des livres etc. sur internet
3. commander par téléphone des produits vus à la télévision
4. commander des produits de supermarché (nourriture, cosmétiques, etc.) via le net

___ **A** faire ses courses en ligne

___ **B** la vente par correspondance

___ **C** faire du shopping en ligne

___ **D** faire du téléachat

Die in Supermärkten via Internet bestellten Lebensmittel kann man direkt bei einer gesonderten Ausgabestelle abholen (**retrait en magasin**) oder sich nach Hause liefern lassen (**livraison à domicile**). Besonders arbeitende Mütter greifen auf das Angebot gerne zurück!

Que de boutiques

Ordnen Sie die Namen der Läden den entsprechenden Fotos zu.

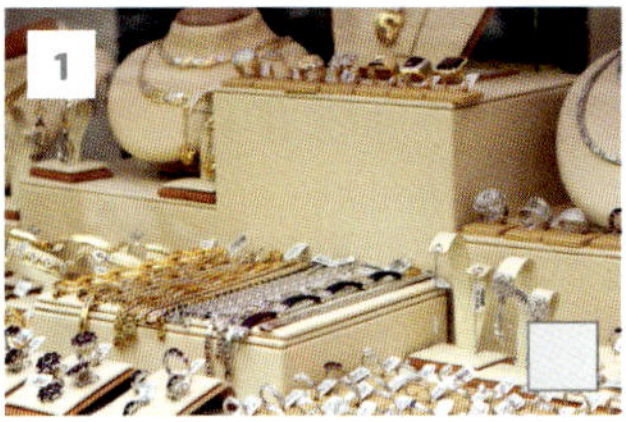

A une teinturerie/ un pressing

B un magasin de bricolage

C une épicerie

D une bijouterie/ joaillerie

In einer französischen **droguerie** finden Sie auch wie im deutschen Drogeriemarkt Kosmetikartikel aber auch Dinge, die sie in einem deutschen Baumarkt finden würden, wie Werkzeuge, Nägel etc.!

Tout en promo !

promotionssoldesprixréduitsprixdiscountprixcassésbonnesaffaires

Es gibt viele Redewendungen und Wörter für Schnäppchen und reduzierte Preise, finden Sie sie in der Buchstabenschlange?

1. ______________ 2. ______________

3. ______________ 4. ______________

5. ______________ 6. ______________

Vent d'est

Yvoire, village fleuri

Der kleine mittelalterliche Ort am Ufer des Genfer Sees **(Lac Léman)** gehört zu den schönsten Dörfern Frankreichs und gewinnt regelmäßig den nationalen Wettbewerb, bei dem die **blumenreichsten** Dörfer preisgekrönt werden. Macht man eine kleine Schifffahrt über den See, gelangt man schnell in die **Schweiz**, ganz in der Nähe des nächsten französischen Bergmassivs, des **Jura**.

La grotte des nains

Der Legende nach wohnen in einer tiefen und engen Schlucht in der Nähe der Burg von **Ferrette**, im Elsass, **Zwerge** in einer Höhle. Diese sollen den Menschen früher bei all ihren Aufgaben geholfen haben, bis junge Frauen ihr Geheimnis lüfteten, nämlich dass sie unter ihren langen Gewändern **Gänsefüße** versteckten und sie deshalb verspotteten. Danach schlossen sich die Zwerge in der Höhle der **grotte des nains**, ein und kamen nie wieder heraus. Seither müssen die Menschen ihre Arbeiten alleine verrichten.

Vent d'est

Alsace-Lorraine

1. Alsace-Lorraine française	2. Alsace-Lorraine allemande

Die Region wechselte mehrfach die Staatszugehörigkeit. Wissen Sie noch, wann sie französisch und wann sie deutsch war?

A jusqu'en 1871

B à partir de mai 1871

C après la Première Guerre Mondiale en 1918

D à partir de 1940

E après la Deuxième Guerre Mondiale en 1945

Lieux historiques

Das europäische Parlament wurde 1952 gegründet und ist das einzige direkt gewählte Organ der Europäischen Union.

Diese Städte spielten historisch eine große Rolle. Wissen Sie, warum?

1. Strasbourg
2. Natzwiller
3. Metz
4. Domrémy-la-Pucelle
5. Verdun

___ **A** le seul camp de concentration en France

___ **B** le lieu de naissance de Jeanne d'Arc

___ **C** le siège du Parlement européen

___ **D** le siège de la dynastie des Carolingiens

___ **E** le lieu d'une célèbre bataille de la Première Guerre Mondiale

Welche Orte sehen Sie hier?

Sites touristiques

1

2

3

4

Mit seinen 1.424 Metern ist **le Grand Ballon** oder **Ballon de Guebwiller** der Gipfel der Vogesen. Besonders lohnenswert ist die berühmte **route des Crêtes** *(Gipfelstrecke)* östlich des Gipfels, zwischen dem Markstein und **le Vieil Armand**.

A le village de Riquewihr

B la place Stanislas de Nancy

C les Vosges

D « la petite Venise », Colmar

Wissen Sie, wofür diese Persönlichkeiten berühmt sind?

Personnalités de l'est

1. Patricia Kaas
2. Rouget de Lisle
3. Paul Verlaine
4. l'Abbé Pierre
5. Michel Platini

___ **A** poète célèbre du XIXe siècle

___ **B** chanteuse célèbre en France

___ **C** autrefois un héros du foot et maintenant Président de l'UEFA

___ **D** auteur de l'hymne national La Marseillaise

___ **E** prêtre catholique fondateur de l'organisation caritative Emmaüs

Vent d'est

Spécialités alsaciennes

Ordnen Sie die Spezialitäten ihren Fotos zu.

A la choucroute

B le kouglof

C la quiche lorraine

D le flammkuechle

Besonders typisch ist auch **le baeckeoffe**, früher ein Sonntagsgericht: Vor dem Gottesdienst brachten es die Frauen zum Bäcker, dieser stellte es dann in den Ofen, nachdem er seine Brote dort fertiggebacken hatte. Es ist ein Eintopf aus Kartoffeln, Fleisch und Gemüse, in Gewürzen und Weißwein mariniert.

Typiquement alsacien et lorrain

Was können Sie in Elsaß-Lothringen machen? Kreuzen Sie an.

- ☐ **1.** déguster un bon gewurztraminer ou un riesling sur la route des vins
- ☐ **2.** regarder les cigognes sur les toits
- ☐ **3.** se baigner dans la Méditerranée
- ☐ **4.** se détendre dans une station thermale à Vittel
- ☐ **5.** faire de la randonnée dans les Vosges

In der französischen Sprache findet man einige deutsche Wörter. Können Sie die Lücken ersetzen?

Mots d'origine allemande

1. Le ______________ est le maire d'un village.
2. Le ______________ est une ouverture dans une fenêtre ou une porte.
3. Elle est la femelle du lièvre (lapin sauvage) : la ___________.
4. Les gendarmes portent un ___________.
5. C'est un drôle de ______________ !
6. On va ___________ ensemble : À la vôtre !

A képi **B** bourgmestre **C** hase **D** loustic
E trinquer **F** vasistas

Das Wort **vasistas** ist die Übertragung der immer wiederkehrenden Frage „Was ist das?", die die Deutschen früher durch eine Art Schalter den Franzosen stellten, bevor sie ihnen die Tür aufmachten.

Viele elsässische Wörter klingen wie eine Mischung aus Französisch und Deutsch. Erkennen Sie, was sie bedeuten?

Mots alsaciens

1. trinke
2. Orùaar
3. frai
4. Boschour
5. wasser
6. fir

___ **A** feu
___ **B** femme
___ **C** Au revoir
___ **D** boire
___ **E** Bonjour
___ **F** eau

Sind Sie in der Region unterwegs, so werden Sie sicher auf dem Markt noch Leute hören, die diesen Dialekt sprechen … Verstehen Sie das: **„Forwat hat et Eva én den Appel gebéss? Weil et keen Messer hott."?**

Branché technique

Quiz médiatique

Kennen Sie sich mit den französischen Medien aus? Welche Aussagen sind richtig, welche falsch?

	VRAI	FAUX
1. Les informations du soir commencent à 20 heures.	☐	☐
2. 40% de la musique à la radio doivent être d'origine française.	☐	☐
3. PPDA est un émetteur radio *(Radiosender)*.	☐	☐
4. Bernard Pivot est connu pour ses dictées à la télévision.	☐	☐
5. Canal+ est une chaîne *(Sender)* publique gratuite.	☐	☐
6. Les guignols de l'info sont une parodie du journal télévisé *(Nachrichten)*.	☐	☐

Chaînes françaises

Welchen Sender müssen Sie einschalten, wenn Sie folgende Dinge hören oder sehen wollen?

La radio :

1. Vous voulez écouter de la musique pop.

2. Vous voulez écouter des infos.

3. Vous voulez écouter l'émission humoristique « Les grosses têtes »

La télévision :

4. Vous voulez regarder une émission franco-allemande.

5. Vous voulez voir surtout des émissions musicales.

6. Vous voulez suivre les informations régionales.

7. Vous désirez regarder des films récents avec un abonnement.

___ **A** ARTE ___ **B** NRJ ___ **C** RTL ___ **D** M6

___ **E** France 3 ___ **F** France Info ___ **G** Canal +

Émissions françaises

Können Sie die Fragen über französische Fernsehsendungen beantworten?

Keine andere tägliche Sendung wurde jemals so lange ausgestrahlt wie die Sendung **Des chiffres et des lettres!** Sie startete zuerst 1965 als **Le mot le plus long**, bevor 1972 das Format etwas verändert wurde.

1. Fort Boyard existe depuis 20 ans à la télé, c'est une
- ☐ **A** émission d'infos *(Nachrichtensendung)*
- ☐ **B** une série télévisée
- ☐ **C** un jeu télévisé avec une chasse au trésor dans un château

2. Les Dicos d'or ont été diffusés de 1985 à 2005, c'était
- ☐ **A** une émission politique
- ☐ **B** un film policier
- ☐ **C** un concours d'orthographe télévisé

3. L'émission célèbre **Julie Lescaut** passe depuis 1992, c'est une
- ☐ **A** commissaire et mère
- ☐ **B** avocate
- ☐ **C** une assistante sociale et mère

4. Depuis 1972 existe l'émission **Des chiffres et des lettres**, c'est une
- ☐ **A** émission littéraire
- ☐ **B** un jeu télévisé
- ☐ **C** une émission pour les élèves

Variétés

Erkennen Sie die Sänger, die in Frankreich Stars sind?

1. Il chante du rock depuis les années 60. ________________ YDALLHAY
2. Il est le chanteur le plus célèbre depuis les années 80. ________________ MANLDOG
3. Il est connu comme idole des jeunes femmes qui criaient « Patrick ! » ________________ LREBU
4. Elle est connue pour son style très spécial et ses cheveux roux. ________________ MREFAR
5. Elle est la nouvelle Édith Piaf depuis 2010. ________________ AZZ
6. Il est connu pour ses chansons très critiques en argot. ________________ DUREAN

Branché technique

Sur le net

Was sagen Sie, wenn Sie ...

1. ... die E-Mail Adresse von jemandem haben möchten?
2. ... jemanden fragen wollen, ob er in einem sozialen Netzwerk ist?
3. ... jemanden als Freund bei Facebook bestätigen?
4. ... einen Link von jemandem bekommen möchten?

___ **A** Tu es sur un réseau social ?

___ **B** Tu me donnes ton adresse e-mail ?

___ **C** Tu m'envoies le lien du site ?

___ **D** Je te mets sur ma liste d'amis.

Au téléphone

Ergänzen Sie die Lücken mit den richtigen Begriffen.

1. ____________, ça va ?
2. Oui, merci, et toi ? C'est difficile de te ____________ au téléphone, c'est toujours ____________.
3. Pourquoi ne m'as-tu pas laissé de ____________ sur ma ____________ ?
4. Je n'y ai pas pensé, mais je t'ai envoyé un ____________ et tu ne m'as pas répondu !
5. Désolé, mais mon ____________ était déchargé !
6. Je voulais juste te dire que je me suis acheté un nouveau ____________, il est super, j'ai ____________ plein d'____________ dessus. Je dois absolument te le montrer !

A joindre
B accu
C téléchargé
D applis
E occupé
F Allô
G boîte vocale
H message
I texto
J smartphone

Branché

Wenn man Ihnen sagt, dass Sie **branché** sind, wörtlich am Strom angeschlossen, dann ist es ein Kompliment und gemeint ist, dass Sie sehr modern sind, dass Sie up to date sind!

Êtes-vous branché ?
Kennen Sie die Namen dieser Multimedia-Geräte? Ordnen Sie zu.

A le téléphone portable

B le baladeur MP3

C la console de jeu

D l'ordinateur

Franglais

Wissen Sie, was diese echten und unechten englischen Wörter in der französischen Sprache bedeuten?

1. booster les ventes
2. être au top
3. faire du forcing
4. forwarder
5. faire de la zappette

___ A zappen

___ B den Verkauf stimulieren

___ C sich sehr bemühen

___ D herausragen

___ E weiterleiten

Viele englische Wörter werden verwendet, indem man eine französische Endung hinzufügt: to boost → **booster.** Manchmal lässt man aber auch nur ein französisches Wort englisch klingen: **faire du forcing** (**forcer** → + ing)! **Franglais** ist das französische Pendant zu Denglisch.

Au Nord, c'étaient les Corons…

Bienvenue chez les Ch'tis !

So hieß die von dem aus der Region stammenden Komiker **Dany Boon** gedrehte Komödie, die den Kinobesucherrekord aller französischen Filme in Frankreich brach (**20,48 Millionen Besucher**). Der Postfilialleiter aus Südfrankreich, der in die nördliche Region **Nord-Pas-De-Calais** versetzt wird, entdeckt nach und nach, dass seine Vorurteile über die schreckliche und kalte Region unbegründet sind. Der Film wird im Original im typisch nordfranzösischen **Ch'ti-Dialekt** gesprochen und zeigt unter anderem die **Corons**, die Häuser der Arbeiter aus dem **Kohlebergbau**, die typisch für die Region sind.

Le carnaval de Dunkerque

… wird am Faschingsdienstag gefeiert. Diese Tradition geht zurück auf das 17. Jh. als die Reeder ein Festmahl für die **Fischer** gaben, bevor diese für 6 Monate zum Angeln wegfuhren, und ihnen die Hälfte ihres Lohns zahlten. Diese Feierlichkeiten entwickelten sich nach und nach zu Karnevalsfestlichkeiten, nachdem sie einmal zeitgleich mit dem Ende der Fastenzeit stattfanden. Heute hat der **jet de harengs** *(Heringswurf)* noch diese Verbindung zum Fischfang: dabei werden unzählige (verpackte) Fische in die Menge geworfen. Typisch für den nördlichen Karneval sind auch die **bunten Regenschirme** an langen Stöcken bei den Umzügen.

Au nord, c'étaient les Corons

Villes du Nord

Wissen Sie, um welche Städte der Region Nord- Pas de Calais es sich handelt?

1. Je suis la plus grande ville du Nord.
2. Je suis une ville près de la frontière belge et je suis connue pour mon carnaval.
3. Je suis le premier port de pêche de France et « la capitale de la Côte d'Opale ».
4. Je suis reliée à l'Angleterre grâce à mon port et au Tunnel sous la Manche.
5. Je suis une ville industrielle au passé culturel riche, on m'appelle « l'Athènes du Nord ».
6. Je suis une commune de taille moyenne et suis connue pour mes « bêtises ».
7. Autrefois, j'étais la capitale de la province d'Artois, aujourd'hui je suis une ville universitaire et ai deux magnifiques places baroques uniques au monde.

___ **A** Boulogne-sur-Mer ___ **B** Dunkerque ___ **C** Calais ___ **D** Cambrai

___ **E** Valenciennes ___ **F** Lille ___ **G** Arras

La Picardie

Erkennen Sie diese historischen Plätze und Sehenswürdigkeiten? Ordnen Sie sie zu.

1

2

3

4

La **Bataille de la Somme (1916)** war eine der blutigsten Schlachten des ersten Weltkriegs mit ca. einer Million Opfern und wurde nach viereinhalb Monate ergebnislos abgebrochen. In der gesamten Region findet man viele Friedhöfe mit aneinander gereihten weißen Grabsteinen, die an diese Schlacht erinnern.

___ **A** la ville fortifiée de Laon ___ **C** le château de Chantilly

___ **B** le mémorial de Pozières ___ **D** la cathédrale d'Amiens

Quiz nordique

Können Sie die Fragen zum Norden Frankreichs beantworten?

1. La côte à la frontière belge s'appelle

- ☐ **A** La Côte bleue.
- ☐ **B** La Côte d'Azur.
- ☐ **C** La Côte d'Opale.

2. Comment s'appelle le train qui mène à l'Angleterre par le Tunnel sous la Manche ?

- ☐ **A** TGV
- ☐ **B** Thalys
- ☐ **C** Eurostar

3. La région du Nord confine *(grenzt)* aux deux mers :

- ☐ **A** L'Atlantique et la Manche.
- ☐ **B** La Manche et la Mer du Nord.
- ☐ **C** La Mer du Nord et la Méditerranée.

4. Dans le département de la Meuse, il y a six communes *(Gemeinden)* sans habitants qui

- ☐ **A** sont les plus riches de France.
- ☐ **B** ont un maire.
- ☐ **C** ont un volcan.

Wussten Sie, dass sich in der **Somme** der Ort **Y** befindet? Diese Gemeinde trägt einen der kürzesten Städtenamen Europas. Ihre Einwohner nennt man die **Ypsiloniens!**

Économie du Nord

Wissen Sie, wie man die Wirtschaftssektoren nennt? Verbinden Sie die Produkte aus dem Norden mit dem wirtschaftlichen Oberbegriff.

1. le poisson et les fruits de mer ___ **A** l'élevage

2. les voitures ___ **B** la métallurgie et sidérurgie

3. le métal et l'acier ___ **C** la brasserie

4. les bœufs et les volailles ___ **D** l'industrie sucrière

5. la betterave ___ **E** l'industrie automobile

6. la bière ___ **F** la pêche

Die Kohle-, Metall- und Textilindustrien, einst die Motoren der Region, sind auf einem absteigenden Ast. Dafür entwickeln sich die Lebensmittel- und Automobilindustrien rasant in Nordfrankreich.

Au Nord, c'étaient les Corons…

Spécialités du Nord

Kennen Sie diese kulinarischen Spezialitäten? Verbinden Sie die Begriffe mit ihrer Definition.

Im **ch'ti**-Dialekt bedeutet **chuque** *Zucker, Süßigkeit*. Die **tarte au libouli** wurde mit großem Rand gebacken, damit die Füllung nicht ausläuft, da man früher keine Form dafür hatte!

1. les bêtises de Cambrai
2. la tarte au libouli
3. les chuques du Nord
4. le cramique

___ **A** un gâteau avec du flan

___ **B** des bonbons à la menthe caramélisés

___ **C** un pain brioché

___ **D** des bonbons au café et au caramel

Les personnalités

Finden Sie im Buchstabensalat diese großen Namen, die eine Verbindung zu Nordfrankreich haben?

1. Je suis un joueur de football internationalement connu, né à Boulogne-sur-Mer.
   ____________ FKANR BRYIRÉ
2. Je resterai toujours le symbole de la Résistance, je suis né à Lille.
   ____________ CSHLEAR ED LLEUGA
3. J'ai chanté du Music-hall, au Moulin Rouge, je suis née près d'Armentières.
   ____________ NELI REDUAN
4. J'ai chanté « Les Corons », une hymne au Nord, et j'ai longtemps vécu à Calais.
   ____________ RREPIE TCHELABE

Die Belgier, aber auch die Nord-Franzosen lieben Pommes und man kann diese überall kaufen. Eine berühmte Spezialität sind **moules-frites**, *Miesmuscheln mit Pommes.*

C'est drôle, une fois...

Die Franzosen machen gerne Witze über die Belgier, die oft ihre Sätze mit « **une fois** » beenden und etwas langsamer reden. Verstehen Sie diese **blagues belges**?

1. Pourquoi n'y a-t-il pas de Belges à Calais ?
2. Comment faire entrer 12 Belges dans une 2CV *(eine Ente)* ?
3. Pourquoi les Belges enlèvent-ils toujours leurs lunettes pour un alcotest ?

___ **A** C'est simple, il suffit de jeter une frite à l'intérieur de la voiture !

___ **B** Parce que ça fait toujours deux verres en moins...

___ **C** Parce que sur le panneau du département, ils voient « Pas de Calais », alors ils croient que la ville n'existe pas et ils font demi-tour *(umkehren).*

Was bedeuten diese Redewendungen?

Comprenez-vous le Ch'ti ?

1. Cha va biloute ?
2. À nous guifes !
3. Sake éddins !
4. Inlève tin capiau

___ **A** Vas-y, dépêche-toi !

___ **B** Enlève ton chapeau (et viens boire un verre) !

___ **C** Comment ça va, mon gars ?

___ **D** À la nôtre !

Champagne !

Ça se fête !

Es gibt viele **occasions de faire la fête** *(Feieranlässe)*, finden Sie heraus, welche zu welchem Foto passen?

Wussten Sie, dass es am Ende einer französischen Hochzeit oft eine **pyramide de choux** *(Pyramide aus karamellisierte Windbeutel)* gibt und eine Glaspyramide, die vom Brautpaar mit Sekt aufgefüllt wird? Bei einer Taufe erhalten alle Gäste einen kleinen Beutel bunter **dragées** *(Mandeln mit Guß)* als Mitgebsel geschenkt.

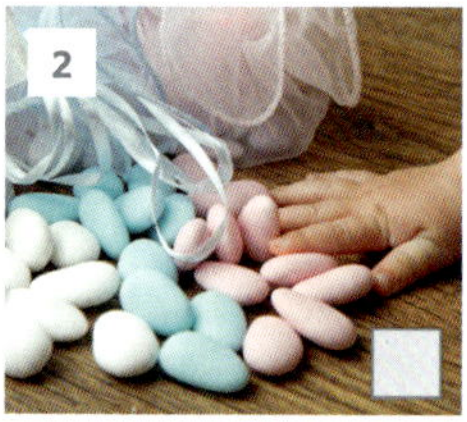

A l'anniversaire **C** le réveillon **B** le baptême **D** le mariage

Prendrez-vous un digestif ?

Am Ende unserer Reise angelangt haben Sie sich einen **Digestif** verdient! Aber woraus werden sie hergestellt?

In der Umgangssprache nennt man den **digestif** auch **pousse-café**, wenn er zum Kaffee serviert wird.

1. pomme/poire	**2.** raisin	**3.** orange	**4.** herbes/épices/miel

A Cognac **B** Armagnac **C** Cointreau **D** Calvados **E** Grand-Marnier

F Chartreuse **G** Chouchen **H** Bénédictine **I** Triple-Sec **J** la goutte

En apéritif

Sie sind zum **apéritif** (kurz **apéro**) eingeladen? Wissen Sie, aus welchen Regionen diese typischen Aperitive kommen?

1. le pastis
2. le ti-punch
3. le kir
4. le chouchen

___ **A** Dijon

___ **B** Marseille

___ **C** Bretagne

___ **D** les Antilles

Der französische **sirop (Grenadine, menthe…)** ist sehr beliebt und wird mit Limo zum **diabolo**, mit **Pastis** zur **tomate** oder zum **perroquet**, mit Bier zum **tango** oder **valse**!

La Champagne-Ardenne

Aus dieser Region kommt der berühmte **champagne**. Aber sie hat auch viele Sehenswürdigkeiten. Kennen Sie diese?

Artur Rimbaud, geboren in **Charleville**, ist ein berühmter Dichter des 19. Jahrhunderts, der mit dem ebenfalls sehr bekannten Dichter **Paul Verlaine** eine heftige Liaison hatte.

1

2

3

4

A le musée Rimbaud

B la cathédrale de Reims

C la vieille ville de Troyes

D le château de Sedan

Champagne !

Quiz champenois

Wussten Sie, dass das Wort **bouchon** sowohl *Korken* als auch *(Verkehrs-) Stau* bedeutet?

Welche Aussagen über die Champagne sind richtig, welche falsch?

	VRAI	FAUX
1. Seul le vin produit en Champagne a le droit de s'appeler champagne.	☐	☐
2. Seuls 3 types de raisins peuvent être utilisés pour le champagne.	☐	☐
3. Le bouchon est en forme de champignon.	☐	☐
4. L'appellation champagne rouge existe.	☐	☐
5. Le kir royal est fait de champagne et de crème de cassis.	☐	☐
6. Le champagne chaud aide à soigner la grippe.	☐	☐

Boire un petit coup, c'est agréable…

… sagt ein bekanntes Volkslied. Ordnen Sie die Redewendungen rund ums Trinken ihren Bedeutungen wieder zu.

1. Il a bu son verre d'un seul coup.

2. Tu viens, on trinque ?

3. Je te paye un pot.

4. Il a beaucoup trop bu.

5. Poisson sans boisson est poison.

___ **A** Je t'invite à boire un coup.

___ **B** Il est complètement ivre/saoul.

___ **C** Il a vidé son verre cul-sec.

___ **D** Il faut toujours boire un petit verre avec le repas.

___ **E** Allez, à la tienne !

Un café, s'il vous plaît !

Was sagen Sie, wenn Sie …

Bestellen Sie in Frankreich **un café**, bekommen Sie eine kleine weiße Tasse, die eher an einen Espresso erinnert. Ordern Sie **un café allongé**, ist die Tasse etwas größer und der Kaffee ist dünner!

1. … einen normalen Kaffee bestellen möchten?
2. … einen Kaffee mit einem Schuss Milch trinken möchten?
3. … gerne einen schwarzen Tee hätten?
4. … einen Kräutertee bestellen möchten?

___ **A** Vous avez des tisanes ? J'aimerais un tilleul-menthe, s'il vous plaît !

___ **B** Un café, s'il vous plaît !

___ **C** Apportez-moi un thé, s'il vous plaît. Vous avez du darjeeling ?

___ **D** Moi, je prends un café crème, s'il vous plaît.

Prendre un pot

Es gibt in Frankreich viele Orte an denen man etwas trinken kann. Finden Sie die 10 Begriffe im Gitter?

C	O	F	E	N	I	R	S	S
C	A	F	É	T	É	R	I	A
B	I	S	T	R	O	T	H	I
A	E	C	A	F	É	A	C	O
R	E	A	I	T	O	V	R	N
T	T	R	O	Q	U	E	T	D
B	R	A	S	S	E	R	I	E
Y	P	S	U	N	M	N	O	T
B	U	V	E	T	T	E	N	H
X	B	I	D	A	R	I	T	É

1. b _ _ _ _ _ t
2. b _ _ _ _ _ e
3. b _ _
4. c _ _ _
5. p _ _
6. t _ _ _ _ _ _ e
7. t _ _ _ _ _ t
8. b _ _ _ _ _ _ _ e
9. s _ _ _ _ _ _ _ _ é
10. c _ _ _ _ _ _ _ _

Lösungen

Vive la France !

S. 8

Les villes de France
1. H, **2.** I, **3.** E, **4.** F, **5.** B, **6.** G, **7.** A, **8.** C, **9.** D

Fleuves
1. la Loire, **2.** la Garonne, **3.** la Seine, **4.** le Rhône, **5.** le Rhin

S. 9

Symboles français
1. B, **2.** B, **3.** C, **4.** C

Événement historiques
C (52 v. Ch.), D (800), B (1337-1453), E (30.05.1431), F (1598), A (14.07.1789), G (10.05.1981)

S. 10

Curiosités
1. D, **2.** A, **3.** B, **4.** C

Personnalités françaises
1. G, **2.** F, **3.** A, **4.** B, **5.** C, **6.** E, **7.** D

S. 11

C'est la fête !
B

Der Großmutter-Tag wurde 1987 von der französischen Kaffee-Marke **Café Grand'Mère** (Kraft Jacobs Suchard) aus kommerziellen Gründen erfunden, dennoch ist er im Laufe der Jahre immer beliebter geworden und wird immer am ersten März-Sonntag gefeiert. Und seitdem werden mehr Grünpflanzen verkauft, es ist statistisch erwiesen!

Le sport
1. D, **2.** C, **3.** A, **4.** B

Escargots ou cuisses de grenouilles ?

S. 12

Spécialités culinaires
1. C, **2.** E, **3.** B, **4.** F, **5.** A, **6.** G, **7.** D

Pays des 300 fromages
1. D, **2.** A, **3.** D, **4.** C

S. 13

Auvergne touristique
1. A, **2.** D, **3.** B, **4.** C

Auvergne industrielle
1., **2.**, **6.**

Die Firmen **Michelin** und **Dunlop** (Reifenindustrie) haben in der Auvergne ihren Sitz. Folgende bekannte Mineralwasser stammen ebenfalls aus der Region: **Volvic**, **Vichy Célestins** und **Saint-Yorre**.

S. 14

Gastronomie
1., **4.**, **3.**, **2.**

Der Käse wird immer zwischen Hauptgericht und Dessert serviert!

Au restaurant
1. D, **2.** A, **3.** B, **4.** C

S. 15

Bon appétit
1. C, **2.** D, **3.** A, **4.** B

Restauration rapide
1. croissant
2. croque-monsieur
3. panini
4. crêpe

5. hamburger
6. quiche
7. pizza
8. sandwich
9. frites

Paris, je t'aime…

S. 18

Monuments parisiens
1. C, **2.** B, **3.** D, **4.** A

Quartiers parisiens
1. AB, **2.** AB, **3.** AC, **4.** BC

Im Quartier du Marais findet man viele leckere jüdische Bäckereien.

S. 19

Paris et les peintres
1. D, **2.** A, **3.** B, **4.** C, **5.** E

Von dem Namen des Bildes **Impression Soleil levant** von **Claude Monet** leitet sich der Name der Kunstrichtung **Impressionisme** ab.

Amour toujours
1. C, **2.** A, **3.** D, **4.** B

S. 20

Vous aimez ?
1. A, **2.** C, **3.** B, **4.** D

Le Taboulé
1. D boulgour; **2.** A citrons, C persil, B menthe; **3.** H tomates, E oignons; **4.** G sel, F poivre, I huile d'olive oder FGI

S. 21

Comprenez-vous l'argot ?
1. B, **2.** C, **3.** D, **4.** A

Mon amour
1. Chéri, **2.** cœur, **3.** mariage, **4.** embrasser

Métro, boulot, dodo…

S. 22

Paris, Paris
1. quatre, **2.** Thalys, **3.** Boulogne, **4.** une salle de concert, **5.** Hôtel de Matignon, **6.** Palais de l'Élysée, **7.** Charles de Gaulle

Métro
Châtelet - Bastille - Nation - Gambetta - Odéon - Invalides - Concorde

S. 23

Présidents
Richtige Reihenfolge: F, B, A, E, C, G, D

Grandes entreprises
Banques: 1, 10
Alimentation: 11, 12
Mode et parfum: 4, 5, 6, 7, 8
Presse, médias et télécommunication: 2, 3, 9, 13

S. 24

Un aller et retour
1. B, **2.** C, **3.** A, **4.** D

Panneaux français
1. C, **2.** A, **3.** B, **4.** D

S. 25

Au boulot
1. C, **2.** D, **3.** E, **4.** B, **5.** A

Transports mêlés
avion, mobylette *(Moped)*, métro, V.T.T. *(Moutain Bike)*, moto, scooter *(Motorroller)*, taxi, solex, bateau, voiture, tramway, train, péniche *(Hausboot)*
13 moyens de transports

Lösungen

1

LÖSUNGEN

Le VéloSoleX, oder **Solex**, war ein schwarzes Mofa, das von 1946 bis 1988 über 7 Millionen Mal produziert wurde und zum Kultobjekt unter Schülern, Studenten und Arbeitern wurde, da man es bereits mit 14 Jahren ohne Führerschein fahren konnte.

Made in Normandie

S. 28

Ports normands
3, 5

Curiosités
1. B, **2.** A, **3.** C, **4.** D

S. 29

Seconde Guerre Mondiale
1. D, **2.** A, **3.** B, **4.** E, **5.** C

Personnalités normandes
1. E, **2.** A, **3.** B, **4.** G, **5.** F, **6.** C, **7.** D

Arsène Lupin ist ein Meisterdieb. Sein geistiger Vater, **Leblanc** widmete seine ganze Karriere dem **gentleman-cambrioleur** und schrieb 20 Romane mit seinem Helden.

S. 30

Normandie culinaire
1. ABC, **2.** BCD, **3.** AB, **4.** ABC

Le muscadet ist ein Wein aus dem **Pays de Loire. Le Tomme de Savoie** stammt aus den Alpen. **La ratatouille** kommt aus Nizza und **le boudin de Mortagne** ist aus **Loire Atlantique. Le teurgoule** ist ein Reispudding mit Zimt, **les bourdelots** sind Äpfel/Birnen im Teig und die **mirlitons** sind Törtchen aus Rouen.

À la campagne
1. A, **2.** D, **3.** B, **4.** C

La **viande d'agneau de prés salés** ist Fleisch vom Salzlamm. Diese Lämmer grasen auf Weiden, die zeitweise vom Meer überschwemmten werden, z.B. in der Bucht des Mont-Saint-Michel. Dies gibt später dem Lammfleisch eine besondere Geschmacknote.

S. 31

La Tarte Tatin
Richtige Reihenfolge: 3, 1, 4, 2

Ustensiles de cuisine
1. D, **2.** A, **3.** B, **4.** C

Le fric, c'est chic.

S. 32

Îles françaises
2, 6

Die Kanalinseln **Jersey**, **Guernesey**, **Aurigny**, **Sercq** und **Chausey**, früher normannischer Archipel genannt, haben einen Sonderstatus: sie hängen direkt unter der britischen Krone, ohne zum Vereinigten Königreich zu gehören, seitdem **Guillaume le Conquérant** 1066 England erobert hat. Sie gehören nicht zur Europäischen Union.

Histoire franco-anglaise
Richtige Reihenfolge: F (1066), B (08.05.1429), A (21.10.1805), D (18.01.1815), C (18.06.1940), C (20.06.1993)

S. 33

Régions riches
1. D, **2.** A, **3.** E, **4.** B, **5.** C

Bienvenue à Deauville
A, B, C, D, F

Deauville ist ein französisches Seebad mit 3915 Einwohnern in der Region **Basse-Normandie** mit einem bedeutenden Yachthafen. Dieser, die Pferderennbahn, die prächtigen Villen und Hotels, das Casino sowie der breite Sandstrand und seine Promenade tragen dazu bei, dass **Deauville** als eines der elegantesten normannischen Seebäder gilt.

S. 34

Les jeux sont faits...
Vrai: 1, 4, 5, 6 **Faux:** 2, 3

Le **tiercé** wurde 1954 von André Carrus erfunden und gilt als das Wettspiel. Es ist sehr erfolgreich in Frankreich und man kann die Wetten überall in **Bar-PMUs** abschließen.

Les pauvres en France
1. A, **2.** D, **3.** B, **4.** C, **5.** E

S. 35

À la banque
1. E, **2.** A, **3.** B, **4.** C, **5.** D

Anglicismes
1. le week-end, **2.** le shopping, **3.** faire un break, **4.** le football, **5.** un jean, **6.** le look, **7.** le parking, **8.** le shampooing, **9.** un mail

Vent d'ouest

S. 38

Villes de Bretagne
1. Rennes, **2.** Brest, **3.** Quimper, **4.** Vannes

Spécialités bretonnes
A und E
kouign-amann = gâteau avec beaucoup de beurre et sucre
fest-noz = fête bretonne
Diwan = école bretonne
Breizh = Bretagne en breton
farz-forn = far breton, un gâteau à base d'œufs et de prunes secs
biniou = instrument de musique
korrigan = personnage mythique de la forêt

Das **Fest-Noz** wurde 2012 zum immateriellen UNESCO-Weltkulturerbe erklärt. Es vereint bei traditionellen bretonischen Tänzen Jung und Alt aus allen sozialen Schichten. Bei jedem **Fest-Noz** tanzen hunderte Bretonen und ihre Gäste gemeinsam bis in die späte Nacht hinein. Auch Neulinge können die Tänze leicht erlernen. Ein kleiner Tipp: Kommen Sie nicht in festlicher Kleidung, die trägt bei diesen Festen niemand.

S. 39

Pays de la Loire
1. B, **2.** C, **3.** F, **4.** D, **5.** E, **6.** A

Légendes bretonnes
1. A, **2.** C, **3.** C, **4.** A

S. 40

Personnalités de l'ouest
4. Jacques Brel stammte aus Nordfrankreich.

Paris-Brest
1. B, **2.** A, **3.** C, **4.** E, **5.** D

Lösungen

1 LÖSUNGEN

S. 41

Plateau de fruits de mer
1. A, **2.** C, **3.** B

Vocabulaire maritime
1. B, **2.** D, **3.** A, **4.** C, **5.** F, **6.** E

Ils sont fous, ces Romains !

S. 42

Vestiges romains
1. B, **2.** A, **3.** C, **4.** D

Les Gaulois
Vrai: A, B, C, F **Faux:** D, E

S. 43

Chiffres romains
1. A, **2.** B, **3.** D, **4.** C

Die **chiffres romains** findet man auch bei Uhren, als Produktionsdatum von Filmen, als Seitennummerierungen, für die Akte im Theater, in der Chemie etc.

Le neuvième art
1. B, **2.** A, **3.** C, **4.** B

S. 44

Astérix
1. A, **2.** C, **3.** E, **4.** B, **5.** D, **6.** F, **7.** G

Histoire gallo-romaine
1. Narbonne, **2.** Vercingétorix, **3.** Lyon, **4.** Auguste, **5.** Alésia

S. 45

Locutions latines
1. B, **2.** D, **3.** C, **4.** E, **5.** A, **6.** G, **7.** H, **8.** F

Mots latins
1. E alibi, **2.** F index, **3.** C curriculum vitae, **4.** B lavabo, **5.** D maximum, **6.** A veto

Gavé beau, le Sud-Ouest !

S. 48

Villes du Sud-Ouest
1. D, **2.** C, **3.** A, **4.** B

La Dordogne
1. B, **2.** C, **3.** A, **4.** A

S. 49

Bordeaux et le vin
1. D, **2.** B, E, F, **3.** A, C

Spécialités du Sud-Ouest
1. C, **2.** A, **3.** D, **4.** B

S. 50

Langue d'oc
1. A, **2.** C, **3.** B, **4.** D

On va se baigner ?
1. D, **2.** A, **3.** C, **4.** B

S. 51

À la plage
1, 3, 4, 6

Jeux de plage
1. B, **2.** D, **3.** C, **4.** A

Le roi est mort, vive le Roi !

S. 52

Rois de France
1. A, **2.** G, **3.** B, **4.** C, **5.** F, **6.** D, **7.** E

Châteaux royaux
1. D, **2.** A, **3.** B, **4.** C

S. 53

Politique
1. A, **2.** B, **3.** C, **4.** C

Le tour de l'info
1. B, D, E ; **2.** A, F, H, I; **3.** C, J, G

S. 54

Administration
1. A, **2.** F, **3.** B, **4.** C, **5.** E, **6.** D

Galette des rois
falsch: 1. le 06.06, **2.** en pâte brisée, **3.** un noyau de cerise, **4.** doit chanter une chanson, **5.** la lune et la couleur de l'or

S.55

Ressorts politiques
1. économie, **2.** finances, **3.** justice, **4.** éducation, **5.** travail, **6.** environnement, **7.** santé, **8.** défense

Noblesse oblige
1. B, **2.** H, **3.** C, **4.** G, **5.** E, **6.** D, **7.** F, **8.** A

Sur le pont d'Avignon…

S. 58

Villes du Sud-Est
Languedoc-Roussillon: 1. G, **2.** A, **3.** I, **4.** H, **5.** C
Provence-Alpes-Côte d'Azur: 6. J, **7.** F, **8.** D, **9.** B, **10.** E

Sites touristiques
1. D, **2.** A, **3.** B, **4.** C

S. 59

Typiquement provençal
1, 2, 4, 6, 7, 8, 9

Faire un pénequet bedeutet **faire une sieste**, Mittagsschlaf halten.

Qui suis-je ?
Monaco

S. 60

La tapenade
1, 2, 4, 5, 6

Es gibt verschiedene Varianten der **tapenade**: mal mit grünen, mal mit schwarzen Oliven.

Dansons la ronde
1. D d'Avignon, E danse, F danse; **2.** A pont, C rond; **3.** G ça; **4.** H encore, **5.** B tous en rond

S. 61

Écrivains provençaux
1. D, **2.** B, **3.** A, **4.** C, **5.** E

Herbes de Provence
1. D, **2.** C, **3.** B, **4.** A

L'art de vivre

S. 62

Les sept arts
1. C, **2.** F, **3.** E, **4.** D, **5.** A, **6.** G, **7.** B

Que de spectacles !
1. B, **2.** D, **3.** A, **4.** C

S. 63

Quel cinéma !
1. B, **2.** C, **3.** B, **4.** C

Silence, on tourne…
A Deneuve, B Boon, C Depardieu, D De Funès, E Delon, F Binoche, G Reno

Lösungen

S. 64

Une place, s'il vous plaît.
1. C, **2.** C, **3.** A, **4.** B

Genres cinématographiques
1. E, **2.** C, **3.** B, **4.** F, **5.** A, **6.** G, **7.** D

S. 65

Statues célèbres
1. C, **2.** B, **3.** D, **4.** A

C'est tout un art.
1. D, **2.** E, **3.** B, **4.** A, **5.** C

L'île de beauté

S. 68

Îles françaises
1. B, **2.** A, **3.** C, **4.** D, **5.** F, **6.** E

Villes corses
1, 5

S. 69

La langue corse
1. A, **2.** A, **3.** C, **4.** B

Spécialités culinaires d'ailleurs
1. B, **2.** D, **3.** A, **4.** C

S. 70

Personnalités corses
1. B, **2.** C, **3.** A, **4.** D

Spécialement corse
1. A, **2.** D, **3.** C, **4.** B

S. 71

Expressions corses
1. B, **2.** A, **3.** C, **4.** F, **5.** D, **6.** E

Voyage, voyage...
1, 2, 4, 5, 9, 10

Chevaliers de la table ronde

S. 72

Vestiges du Moyen-Âge
1. C, **2.** A, **3.** B, **4.** D

Faits historiques
1. F, **2.** B, **3.** C, **4.** A, **5.** D, **6.** E

S. 73

Quiz moyenâgeux
1. A, **2.** B, **3.** B, **4.** C

Rangs du Moyen-Âge
1. C, **2.** D, **3.** A, **4.** B

S. 74

Littérature
1. B, **2.** C, **3.** A, **4.** D

Fables
1. B corbeau, **2.** D renard, **3.** arbre, **4.** fromage, **5.** I langage **6.** A cigale, **7.** C fourmi, **8.** G été, **9.** F mouche, **10.** J voisine

S. 75

Expressions du Moyen-Âge
1. B, **2.** D, **3.** E, **4.** C, **5.** A
à la queue leu leu, von **leu** (= **loup**, *Wolf*), Wolf hinter Wolf, im Mittelalter waren die Wölfe sehr gefürchtet.
avoir plusieurs cordes à son arc, früher hatte ein Bogen nur 2 Saiten, daher die Bedeutung, *mehr Möglichkeiten zu haben, ein Ziel zu erreichen.*
courtois , von **cour** (*Hof*), bezeichnete Personen, die am Hof lebten.
croiser le fer, von **fer** (früher = **épée**, *Schwert*), *mit dem Schwert kämpfen*
le travail au noir, weil einige Meister ihre Arbeiter heimlich in der Nacht arbeiten ließen, anstatt bei Tageslicht, was verboten war.

Visite guidée
1. D, **2.** B, **3.** C, **4.** A

Tout schuss

S. 78

Montagnes françaises
1. E, **2.** C, **3.** B, **4.** A, **5.** D

Stations de ski
1. l'Alpe d'Huez, **2.** Courchevel,
3. Serre-Chevalier, **4.** Gérardmer

S. 79

Spécialités savoyardes
1. B, **2.** C, **3.** D, **4.** E, **5.** A

La tartiflette
1. E, **2.** A, **3.** B, **4.** F, **5.** C, **6.** G, **7.** H, D

S. 80

Quiz sportif
1. A, F, I, J; **2.** B, C, G, H; **3.** D, E, K, L

Sports d'hiver et d'été
1. A, C, F, G; **2.** B, D, E, H

S. 81

Sports de montagne
1. C, **2.** D, **3.** B, **4.** A

Vive le sport !
1, 3, 4, 7, 8, 9, 10

À la mode de chez nous…

S. 82

Lyon, capitale de…
1. B, **2.** C, **3.** D, **4.** F, **5.** E, **6.** A

Französische Geschäfte
A, D, C, B, E

S. 83

Curiosités insolites
1. B, **2.** C, **3.** A, **4.** D

Haute-Couture
1. Christian Dior, **2.** Christian Lacroix,
3. Jean-Paul Gaultier, **4.** Thierry Mugler,
5. Pierre Cardin, **6.** Yves Saint-Laurent,
7. Coco Chanel

S. 84

Au magasin de chaussures
1. C, **2.** A, **3.** D, **4.** E, **5.** B

Comment faire ses achats
1. B, **2.** C, **3.** D, **4.** A

S. 85

Que de boutiques
1. D, **2.** C, **3.** B, **4.** A

Tout en promo !
1. promotions, **2.** soldes, **3.** prix réduits,
4. prix discount, **5.** prix cassés,
6. bonnes affaires

Vent d'est

S. 88

Alsace-Lorraine
1. A, C, E; **2.** B, D

Lieux historiques
1. C, **2.** A, **3.** D, **4.** B, **5.** E

S. 89

Sites touristiques
1. C, **2.** A, **3.** B, **4.** D

Lösungen

Personnalités de l'Est
1. B, **2.** D, **3.** A, **4.** E, **5.** C

S. 90

Spécialités alsaciennes
1. C, **2.** A, **3.** D, **4.** B

Typiquement alsacien et lorrain
1, 2, 4, 5

S. 91

Mots d'origine allemande
1. B bourgmestre; **2.** F vasistas; **3.** C hase; **4.** A képi; **5.** D loustic; **6.** E trinquer

Mots alsaciens
1. D, **2.** C, **3.** B, **4.** E, **5.** F, **6.** A

Branché technique

S. 92

Quiz médiatique
Vrai: 1, 2, 4, 6
Faux: 3, 5

Die Nachrichten beginnen zwar ebenfalls um 20h, dauern aber oftmals länger, so dass das anschließende Programm erst zw. 20h30-20h50 startet.
PPDA ist die gängige Abkürzung für **Patrick Poivre D'Arvor**, einen berühmten langjährigen Nachrichtensprecher, Moderator und Schriftsteller.
Canal+ ist ein privater Bezahlsender, auf dem seit über 20 Jahre täglich die satirische Sendung **Guignols de l'info** mit Gummipuppen läuft. Lange Jahre präsentierte die Karikatur von **PPDA** auch hier die Nachrichten.

Chaînes françaises
1. B, **2.** F, **3.** C, **4.** A, **5.** D, **6.** E, **7.** G

S. 93

Émissions françaises
1. C, **2.** C, **3.** A, **4.** B

Das **Fort Boyard** ist eine Festung vor der französischen Atlantikküste zwischen der **Île d'Aix** und der **Île d'Oléron** im **Département Charente-Maritime**. Das Fort hat einen ovalen Grundriss, ist 61 m lang 31 m breit und 20 Meter hohe Mauer. Das Fort wird seit Jahren für die gleichnamige Fernsehshow genutzt.

Variétés
1. Johnny Hallyday, **2.** Jean-Jacques Goldman, **3.** Patrick Bruel, **4.** Mylène Farmer, **5.** ZAZ, **6.** Renaud (Séchan)

S. 94

Sur le net
1. B, **2.** A, **3.** D, **4.** C

Au téléphone
1. F, **2.** A, E; **3.** H, G; **4.** I, **5.** B, **6.** J, C, D

S. 95

Branché
1. C, **2.** D, **3.** B, **4.** A

Franglais
1. B, **2.** D, **3.** C, **4.** E, **5.** A

Au Nord, c'étaient les Corons…

S. 98

Villes du Nord
1. F, **2.** B, **3.** A, **4.** C, **5.** E, **6.** D, **7.** G

La Picardie
1. B, **2.** A, **3.** D, **4.** C

S. 99

Quiz nordique
1. C, **2.** C, **3.** A, **4.** B

Es gibt tatsächlich 6 Gemeinden ohne Einwohner, die einen Bürgermeister haben! Diese werden natürlich nicht gewählt, sondern ernannt, haben aber die gleichen Rechte wie alle anderen Bürgermeister. Weil die Dörfer 1916 zerstört wurden, haben sie den Status **„mortes pour la France"** und existieren aber noch auf administrative Ebene! Sie wurden aufgrund von Verschmutzung und Minen nicht wieder aufgebaut.

Économie du Nord
1. F, **2.** E, **3.** B, **4.** A, **5.** D, **6.** C

S. 100

Spécialités du Nord
1. B, **2.** A, **3.** D, **4.** C

Les personnalités
1. Frank Ribéry, **2.** Charles De Gaulle, **3.** Line Renaud, **4.** Pierre Bachelet

S. 101

C'est drôle, une fois...
1. C, **2.** A, **3.** B

Comprenez-vous le Ch'ti ?
1. C, **2.** D, **3.** A, **4.** B

Champagne !

S. 102

Ça se fête!
1. D, **2.** B, **3.** A, **4.** C

Prendrez-vous un digestif ?
1. A, D, **2.** B, J, **3.** C, E, I, **4.** F, G, H

S. 103

En apéritif
1. B, **2.** D, **3.** A, **4.** C

La Champagne-Ardenne
1. D, **2.** B, **3.** C, **4.** A

S. 104

Quiz champenois
Vrai: 1, 2, 3, 5, 6
Faux: 4

Man spricht oft von **champagne rouge**, aber er ist nicht dunkel und darf offiziell nicht den Namen tragen, es gibt nur die **appellations champagne blanc** und **champagne rosé**.

Boire un petit coup, c'est agréable...
1. C, **2.** E, **3.** A, **4.** B, **5.** D

S. 105

Un café, s'il vous plaît
1. B, **2.** D, **3.** C, **4.** A

Verwechseln Sie nicht **thé**, und **tisane**. **Le thé** bezeichnet immer *schwarzen Tee*, während **la tisane** *Früchte- oder Kräutertee* ist.

Prendre un pot
1. bistrot, **2.** buvette, **3.** bar, **4.** café, **5.** pub, **6.** taverne, **7.** troquet, **8.** brasserie, **9.** salon de thé, **10.** cafétéria

Wortverzeichnis

A

à l'intérieur de	*in, ins Innere von*
à partir de	*ab*
à priori	*von vornherein*
l'**A.N.P.E.**	*Arbeitsamt*
l'**abbaye**	*Abtei*
abominable	*ungeheuer*
l'**abonnement**	*Abo*
absolument	*unbedingt*
l'**accord**	*Zustimmung*
l'**accu**	*Akku*
l'**achat**	*Kauf*
faire des achats	*einkaufen*
s'**acheter**	*sich kaufen*
l'**acier**	*Stahl*
l'**actrice**	*Schauspielerin*
l'**addition**	*Rechnung*
l'**administration**	*Verwaltung*
l'**adresse e-mail**	*E-Mail-Adresse*
aéronautique	*Luftfahrt-*
l'**affaire**	*Geschäft*
les bonnes affaires	*Schnäppchen*
l'**agneau**	*Lamm*
l'**ail**	*Knoblauch*
ailleurs	*woanders*
aimable	*freundlich*
aimer	*lieben, mögen*
l'**aïoli**	*Aioli*
ajouter	*hinzufügen, zufügen*
l'**alcotest**	*Alkohol-Test*
l'**alibi**	*Alibi*
alimentaire	*Lebensmittel-, Ernährungs-*
alléché, -e	*angezogen, angelockt*
l'**aller**	*Hinfahrt, Hinflug, Hinreise*
aller bien	*passen, gut stehen, einem gut gehen*
l'**aller et retour**	*Hin- und Rückfahrt*
allô	*Hallo (am Telefon)*
s'**allonger**	*sich hinlegen*
l'**Amérique**	*Amerika*
l'**ami,-e**	*Freund, -in*
l'**amour**	*Liebe*
amoureux,-se	*verliebt*
les **anchois**	*Anchovis*
l'**âne**	*Esel*
anglais, -e	*englisch*
l'**Anglais, -e**	*Engländer, -in*
l'**Angleterre**	*England*
l'**anglicisme**	*Anglizismus*
l'**anneau**	*Ring*
l'**année**	*Jahr*
l'**anniversaire**	*Geburtstag*
les **Antilles**	*Antillen*
antique	*antik*
l'**apéritif**	*Aperitif*
l'**apéro**	*Aperitif (Kurzform)*
l'**appareil-photo**	*Kamera*
l'**appel**	*Ruf*
lancer un appel à qn	*einen Appell an jdn richten*
s'**appeler**	*heißen*
l'**appétit**	*Appetit*
Bon appétit !	*Guten Appetit!*
l'**application**	*App*
l'**appli**	*App (Kurzform)*
apporter	*bringen*
après	*nach, nachher*
arabe	*arabisch*
l'**arbre**	*Baum*
l'**arc**	*Arche, Bogen*
l'**arche**	*Arche*
l'**architecture**	*Architektur*
l'**arène**	*Arena*
l'**argent**	*Geld*
l'**argot**	*Umgangssprache*
l'**armistice**	*Waffenstillstand*
arrêter	*stoppen*
arriver	*geschehen*
l'**art**	*Kunst*
l'**art de vivre**	*Lebenskunst*
assez de	*genug*
l'**assiette**	*Teller*
l'**assistante sociale**	*Sozialhelferin*
l'**association**	*Verein*
attacher	*verbinden, festmachen*
atteindre	*erreichen*
attention	*Vorsicht! Achtung!*
au revoir	*Auf Wiedersehen*
l'**auteur**	*Schriftsteller, Autor*
automobile	*Automobil-*
l'**autre**	*das andere*
l'**Auvergnat**	*Einwohner der Auvergne*
avant	*vor, vorher*
avec	*mit*
l'**aventure**	*Abenteuer*
l'**avion**	*Flugzeug*
l'**avocat, -e**	*Rechtsanwalt, -anwältin*
avoir	*haben*
avoir ce qu'il faut	*das haben, was man braucht*
l'**axe**	*Axe*

B

la **bagnole**	*Karre (ugs.)*
la **baie**	*Bucht*
la **baignade**	*Baden*
se **baigner**	*baden*
le **bal**	*(Tanz)ball*
le **baladeur MP3**	*MP3-Player*
la **balle**	*Ball (klein)*
le **ballet**	*Ballett*
le **ballon**	*Ball (groß)*
la **bande dessinée (la B.D.)**	*Comics*
la **banlieue**	*Vorort*
la **banque**	*Bank*
le **baptême**	*Taufe*

le	**barde**	*Barde*
	baroque	*barock*
le	**barrage**	*Talsperre*
le	**basilic**	*Basilikum*
les	**baskets**	*Basketballschuhe, Turnschuhe*
la	**bataille**	*Schlacht*
le	**bateau**	*Schiff, Boot*
	le **bateau pneumatique**	*Gummiboot*
le	**bâtiment**	*Bau, Gebäude*
le	**bâton**	*Stock*
se	**battre**	*kämpfen*
le	**beach volley**	*Beach Volley Ball*
	beaucoup	*viel*
la	**beauté**	*Schönheit*
le	**bec**	*Schnabel*
	belge	*belgisch*
la	**belote**	*Kartenspiel*
la	**bêtise**	*Spezialität aus Cambrai*
la	**betterave**	*rote Bete*
le	**beur**	*Araber (ugs.)*
le	**beurre**	*Butter*
la	**bicyclette**	*Fahrrad*
la	**bienvenue**	*willkommen*
la	**bière**	*Bier*
le	**bijou**	*Schmuck*
la	**bijouterie**	*Schmuckgeschäft*
	bilatéral	*bilateral*
le	**billet**	*Fahrkarte, Eintrittskarte*
la	**bise**	*Küsschen, Wind*
	faire la bise	*ein Küsschen geben*
la	**blague**	*Witz*
	blanc, blanche	*weiß*
le	**blé**	*Weizen, ugs. Moos (Geld)*
	bleu, -e	*blau*
	les **Bleus**	*frz. Fußballnationalmannschaft (wörtl. die Blauen)*
	le **bleu d'Auvergne**	*frz. Blauschimmelkäse*
le	**blockhaus**	*Bunker*
le	**bœuf**	*Rind, Ochse*
	boire	*trinken*
	boire un coup	*einen trinken*
la	**boisson**	*Getränk*
la	**boîte vocale**	*Mailbox*
	bon, -ne	*gut*
	bonjour	*Guten Tag*
le	**bonnet**	*Mütze*
	booster	*stimulieren*
le	**bord**	*Rand*
	bordelais, -e	*aus Bordeaux*
les	**bottes**	*Stiefel*
le	**bouchon**	*Korken, Stau*
les	**bouchons**	*Stau*
le	**boudin**	*Blutwurst*
la	**bouée**	*Schwimmreifen*
la	**bouillabaisse**	*Fischgericht*
	bouillant, -e	*kochend*
la	**boulangerie**	*Bäckerei*
le	**boulevard**	*Boulevard*
le	**boulgour**	*Bulgur (Weizenart)*
le	**boulot**	*Arbeit (ugs.)*
le	**bourdelot**	*normannischer Nachtisch*
la	**Bourgeoisie**	*Bürgertum*
le	**bourgmestre**	*Bürgermeister*
la	**Bourgogne**	*Burgund*
la	**boutique**	*Boutique*
	branché	*am Strom angeschlossen, in*
la	**brasserie**	*Brauerei*
le	**break**	*Pause*
	breton, -ne	*bretonisch*
le	**bricolage**	*Basteln, Werkeln*
	le **magasin de bricolage**	*Baumarkt*
le	**brie**	*Brie (Käsesorte)*
la	**brioche**	*Hefegebäck*
le	**brocciu**	*korsischer Käse*
le	**but**	*Ziel, Tor*
	byzantin	*byzantinisch*

C

le	**cabaret**	*Kabarett*
le	**cabécou**	*Cabécou (Käsesorte)*
	caché, -e	*versteckt*
le	**café**	*Kaffee*
la	**calanque**	*Bucht*
le	**calvados**	*Apfelschnaps*
le	**cambrioleur**	*Einbrecher*
le	**camembert**	*Camembert (Käsesorte)*
le	**camp**	*Camp, Lager*
le	**camp de concentration**	*Konzentrationslager*
la	**campagne**	*Land*
le	**canard**	*Ente*
les	**canistrelli**	*korsische Kekse*
le	**cantal**	*Cantal (Käsesorte)*
le	**canyoning**	*Canyoning*
le	**caoutchouc**	*Kautschuk,Gummi*
	les **bottes en caoutchouc**	*Gummistiefel*
la	**capitale**	*Hauptstadt*
les	**câpres**	*Kapern*
	caraméliser	*karamellisieren*
	caritatif, -ve	*karitativ*
le	**carnaval**	*Karneval*
la	**carte**	*Karte*
la	**carte de crédit**	*Kreditkarte*
le	**casino**	*Kasino*
la	**casquette**	*Kappe, Mütze*
	cassé, -e	*kaputt*
le	**cassoulet**	*Bohnengericht*
le	**catalogue**	*Katalog*
la	**cathédrale**	*Kathedrale, Dom*
	catholique	*katholisch*
la	**caverne**	*Höhle*
	célèbre	*berühmt*
	celui-ci, celle-ci	*dieser, diese*

Wortverzeichnis

le **centre** *Zentrum*
le **centre commercial** *Einkaufszentrum*
les **céréales** *Getreide*
la **cérémonie** *Zeremonie*
la **cerise** *Kirsche*
la **chaîne** *Fernsehkanal*
le **chamanisme** *Schamanismus*
la **chambre** *Schlafzimmer*
la **chambre à coucher** *Schlafzimmer*
la **chambre de commerce** *Handelskammer*
le **champagne** *Champagner*
le **champ de course** *Pferderennbahn*
le **champignon** *Champignon, Pilz*
le **changement** *Umsteigen*
le **chant** *Gesang, Lied*
chanter *singen*
le **chanteur, -euse** *Sänger, -in*
le **chantier** *Baustelle, Werft*
la **chantilly** *Schlagsahne*
le **chapeau** *Hut*
la **charcuterie** *Aufschnitt (Wurst)*
la **charlotte aux fraises** *Erdbeerkuchen*
la **chasse** *Jagd*
la **chasse au trésor** *Schatzjagd*
le **château** *Burg, Schloss*
chauffer *erhitzen*
la **chaussure** *Schuh*
le **chef de cuisine** *Koch*
le **chef d'entreprise** *Unternehmer*
chercher *suchen*
chéri *Schatz, Liebling*
le **cheval** *Pferd*
le **chevalier** *Ritter*
chic *schick*
le **chien** *Hund*
le **chiffre** *Ziffer*
le **chiffre romain** *römische Zahl*
la **chocolatine** *Schokoladenbrötchen*
le **chou** *Windbeutel*
la **choucroute** *Sauerkraut*
les **Ch'tis** *Bewohner Nordfrankreichs*
les **chuqes** *Spezialität aus dem Norden*
la **chute** *Fall*
le **cidre** *Apfelwein, geringer Alkoholgehalt*
la **cigale** *Grille*
la **cigogne** *Storch*
le **cimetière** *Friedhof*
le **cinéma** *Kino*
le **cinéphile** *Kino-Fan*
le **citron** *Zitrone*
le **clafoutis** *Eierkuchen*
la **classe** *Klasse*
le **Clergé** *Klerus*
la **clope** *Kippe (ugs. für Zigarette)*

le **cochon** *Schwein*
le **cœur** *Herz*
le **coin** *Ecke*
la **combinaison de ski** *Schneeanzug*
la **comédie** *Komödie*
la **comédie musicale** *Musical*
commencer *beginnen*
comment *wie*
commercial, -e *Handels-*
le **commissaire** *Kommissar*
la **commune** *Gemeinde*
le **compartiment** *Abteil*
comprendre *verstehen*
le **compte** *Konto*
le **comte, -esse** *Graf, Gräfin*
le **concert** *Konzert*
le/la **concierge** *Hausmeister, -in*
le **concours** *Wettkampf*
confiner *grenzen, angrenzen*
connu, -e *bekannt*
la **console de jeu** *Spielkonsole*
contraindre *zwingen*
contre *gegen*
le **contrôleur** *Schaffner*
le **coq** *Hahn*
le **corbeau** *Rabe*
la **corde** *Seil*
cordial, -e *herzlich*
le **coron** *Haus eines Bergwerk-Arbeiters*
la **Corse** *Korsika*
corse *korsisch*
les **cosmétiques** *Kosmetika*
la **côte** *Küste*
la **couleur** *Farbe*
la **coupe** *Pokal*
la **Coupe du Monde** *Weltmeisterschaft*
couper *schneiden*
le **couronnement** *Krönung*
les **courses** *Einkäufe*
faire les courses *einkaufen*
le **court** *Tennisplatz*
courtois, -e *freundlich, höflich*
la **couture** *Näherei, Nähen*
couvert, -e *bedeckt, überzogen*
le **crabe** *Krebs*
le **cramique** *Spezialität aus dem Norden*
le **crampon** *Stollen*
le **créateur** *Schöpfer*
le **créateur de mode** *Modedesigner*
la **crème** *Creme, Schmand*
la **crème solaire** *Sonnencreme*
créole *kreolisch*
la **crêpe** *Pfannkuchen*
le **creux** *Tiefe, Einkerbung*
avoir un petit creux *ein bisschen Hunger haben*

la	**crevette**	*Krabbe*
la	**criée**	*Fischmarkt*
	crier	*schreien*
	critique	*kritisch*
la	**croisade**	*Kreuzzug*
	croiser	*kreuzen*
le	**croissant**	*Hörnchen*
le	**croque-monsieur**	*Croque-monsieur*
le	**cuir**	*Leder*
	cuire	*braten, kochen, warm machen*
la	**cuisine**	*Küche*
la	**cuisse**	*Oberschenkel*
	culinaire	*kulinarisch*
	culturel, -le	*kulturell*
la	**curiosité**	*Sehenswürdigkeit*
le	**curriculum vitæ (le CV)**	*Lebenslauf*
le	**cycliste**	*Radlerhose*

D

	dangereux, -se	*gefährlich*
la	**danse**	*Tanz*
	danser	*tanzen*
	dater de	*stammen aus*
le	**dé**	*Würfel*
	de facto	*tatsächlich*
	déchargé, -e	*entladen*
	déclarer	*erklären*
	décoré, -e	*verziert*
	découvrir	*entdecken*
la	**défense**	*Verteidigung*
	déguster	*genießen, kosten*
le	**déjà-vu**	*Déjà-vu*
	délicieux	*köstlich*
le	**département**	*Departement*
	dépourvu	*mittellos*
	depuis	*seit*
	derrière	*hinter*
la	**descente**	*Abfahrt*
le	**désert**	*Wüste*
	désolé, -e	*Entschuldigung*
le	**dessert**	*Dessert, Nachtisch*
le	**dessin animé**	*Zeichentrick*
	dessus	*darauf*
se	**détendre**	*sich entspannen*
	devenir	*werden*
	devoir	*müssen*
la	**dictée**	*Diktat*
le	**dictionnaire**	*Wörterbuch*
le	**dico**	*Wörterbuch (Kurzform)*
	différent, -e	*verschieden, anders*
	difficile	*schwer*
le	**digestif**	*Verdauungsschnaps*
la	**digue**	*Deich*
	dire	*sagen*
	direct	*direkt*
la	**direction**	*Richtung*
le	**discounter**	*Discounter*
	disposer	*legen, richten*
le	**documentaire**	*Dokumentarfilm*
le	**dodo**	*schlafen, Bett (ugs.)*
le	**domicile**	*Wohnsitz, Wohnort*
le	**donjon**	*Turm*
la	**dragée**	*Süßigkeit zur Taufe*
le	**droit**	*Recht*
	drôle	*komisch, lustig*
le	**druide**	*Druide*
le/la	**duc, duchesse**	*Herzog, Herzogin*
la	**dune**	*Düne*
la	**dynastie**	*Dynastie*

E

l'	**eau**	*Wasser*
l'	**éclair**	*Windbeutel in länglicher Form*
l'	**école**	*Schule*
l'	**économie**	*Wirtschaft*
	écouter	*hören, zuhören*
l'	**écrivain**	*Schriftsteller(in)*
l'	**édit**	*Edikt*
l'	**éducation**	*Erziehung*
l'	**égalité**	*Gleichheit*
l'	**église**	*Kirche*
l'	**Égypte**	*Ägypten*
l'	**élection**	*Wahl*
l'	**éléphant**	*Elefant*
l'	**élevage**	*Viehzucht*
l'	**élève**	*Schüler*
	embrasser	*küssen*
l'	**émetteur**	*Sender*
l'	**émission**	*Sendung*
	Emmaüs	*karitative Hilfe für die Armen*
l'	**emmental**	*Emmental (Käsesorte)*
l'	**empereur**	*Kaiser*
l'	**empire**	*Reich*
l'	**employé d'étage**	*Reinigungskraft*
	en	*in*
	en ligne	*online*
l'	**enfant**	*Kind*
	enfourner	*in den Ofen stellen*
	englouti, -e	*versunken*
	enlever	*abnehmen, wegnehmen*
	ensemble	*zusammen*
l'	**entente**	*Abkommen*
l'	**entrée**	*Vorspeise, Eintritt, Eingang*
l'	**entreprise**	*Unternehmen*
	entrer	*hineingehen*
l'	**entretien**	*Pflege*
	envers	*Rückseite*
	à l'envers	*falsch herum*
l'	**environnement**	*Umwelt*
	envoyer	*senden, schicken*
l'	**épée**	*Schwert*
les	**épices**	*Gewürze*
l'	**épicerie**	*Lebensmittel-Laden*

Wortverzeichnis

l'**Épiphanie** *Dreikönige*
éplucher *pellen, schälen*
l'**équipe** *Mannschaft*
l'**escalade** *Klettern*
l'**escargot** *Schnecke*
l'**esprit** *Geist*
l'**essai** *Versuch, Essay*
essuyer *abtrocknen*
l'**est** *Osten*
l'**estomac** *Magen*
  avoir l'estomac dans les talons *der Magen hängt in den Kniekehlen*
et cætera *und so weiter*
l'**étape** *Etappe*
l'**été** *Sommer*
l'**étoile** *Stern*
l'**événement** *Ereignis*
ex-æquo *Gleichstand*
exister *bestehen, existieren*
l'**exposition** *Ausstellung*

F

la **fable** *Fabel*
la **faim** *Hunger*
  avoir une faim de loup *einen Bärenhunger haben*
faire *machen, lassen*
  faire caraméliser *karamellisieren*
  faire dorer *golden anbraten*
  faire du lèche-vitrine *bummeln*
  faire du... *Schuhgröße ... haben*
  faire partie de *zu etwas gehören, etwas angehören*
la **falaise** *Felsenküste*
falloir *müssen*
la **famine** *Hungersnot*
la **femelle** *Weibchen*
la **fenêtre** *Fenster*
le **fer** *Eisen*
le **festival** *Festival*
la **fête** *Fest, Feierlichkeit, Fete*
fêter *feiern*
le **feu** *Feuer*
la **fève** *Saubohne, dicke Bohne*
le **filet** *Netz*
la **fille** *Mädchen, junge Frau*
le **film** *Film*
  le **film fantastique** *Fantasyfilm*
  le **film policier** *Krimi*
les **finances** *Finanzen*
le **flammkuechle** *Flammkuchen*
le **fleuve** *Fluss*
le **flic** *Bulle (ugs. für Polizist)*
le **foie** *Leber*
  le **foie gras** *gestopfte Gänseleberpastete*
la **foire** *Markt, Messe*
le **fond** *Boden*
le **fondant** *Fondant*
le **fondateur** *Gründer*
fondre *schmelzen*
la **fondue** *Fondue*
le **foot(ball)** *Fußball*
le **forcing** *Drängeln, Bemühung*
la **forêt** *Wald*
la **forme** *Form*
former *bilden*
fort *sehr*
le **fort** *Festung*
la **forteresse** *Festung*
fortifié, -e *Festungs-*
forwarder *weiterleiten*
fou, folle *verrückt*
le **fouet** *Schneebesen*
le **four** *Backofen*
la **fourmi** *Ameise*
fourré, -e *gefüllt*
français *französisch*
la **France** *Frankreich*
le **franglais** *entspricht dem Denglisch*
la **fraternité** *Brüderlichkeit*
le **frère** *Bruder*
la **fresque** *Freske*
le **fric** *Kohle (ugs. für Geld)*
les **frites** *Pommes frites, Fritten*
le **fromage** *Käse*
la **frontière** *Grenze*
frotter *reiben*
le **fruit** *Frucht*
les **fruits de mer** *Meeresfrüchte*

G

la **galette** *Kuchen*
  la **galette des Rois** *Dreikönigskuchen*
gallo-romain *galloromanisch*
le **galop** *Galopp*
les **gants** *Handschuhe*
garder *behalten, aufbewahren*
la **gare** *Bahnhof*
la **gastronomie** *Gastronomie*
la **Gaule** *Gallien*
le **Gaulois** *Gallier*
gavé *sehr (reg.)*
le **gendarme** *Gendarme*
la **génoise** *Biskuit*
le **genre** *Genre*
la **glace** *Eis*
la **gloire** *Ruhm*
le **golf** *Golf*
la **gorge** *Schlucht*
grand, -e *groß*
la **grand-mère** *Großmutter*
le **gratin** *Gratin*
le **grec** *griechisch*
la **Grèce** *Griechenland*
la **grenouille** *Frosch*

	grosso modo	*grob, ungefähr*
la	**grotte**	*Höhle*
le	**groupe**	*Gruppe, Band*
la	**guerre**	*Krieg*
	la **Guerre de Cent ans**	*Hundertjährige Krieg*
	la **Première Guerre Mondiale**	*Erste Weltkrieg*
	la **Seconde Guerre Mondiale**	*Zweite Weltkrieg*
le/la	**guide**	*Reiseführer, -in*
	guidé, -e	*geführt*
	guillotiner	*köpfen*

H

l'	**habitant**	*Einwohner, Bewohner*
le	**hamburger**	*Hamburger*
le	**haricot**	*Bohne*
la	**hase**	*Häsin*
	haut, -e	*hoch*
les	**herbes**	*Kräuter*
le	**héros**	*Held*
l'	**heure**	*Uhrzeit, Stunde*
l'	**histoire**	*Geschichte*
	historique	*historisch*
l'	**hiver**	*Winter*
l'	**homme**	*Mann*
l'	**hôtel de ville**	*Rathaus*
l'	**huile**	*Öl*
l'	**huître**	*Austern*
	humoristique	*Humor-*
l'	**hymne**	*Hymne*
l'	**hypermarché**	*großer Supermarkt*

I

	idéal, -e	*ideal*
l'	**idole**	*Idol*
	il y a	*es gibt*
l'	**île**	*Insel*
	imbibé, -e	*getränkt*
	important	*wichtig*
l'	**imprimerie**	*Druckerei*
	in extremis	*im letzten Moment*
l'	**indépendance**	*Unabhängigkeit*
l'	**index**	*Index*
l'	**industrie**	*Industrie*
	industriel, -le	*industriell*
les	**informations**	*Nachrichten*
	les **infos**	*Nachrichten (Kurzform)*
	insolite	*bizarr, ungewöhnlich*
	interdit, -e	*verboten*
	internationalement	*international*
l'	**internet**	*Internet*
l'	**invasion**	*Einmarsch, Eroberung*
	inviter	*einladen*
	italien,-ne	*italienisch*
	ivre	*betrunken, beschwipst*

J

le	**jambon**	*Schinken*
	jaune	*gelb*
le	**jean**	*Jeans*
la	**jetée**	*Deich*
le	**jeu**	*Spiel*
	les **jeux sont faits**	*die Würfel sind gefallen*
la	**joaillerie**	*Schmuckgeschäft*
le	**job**	*Job, Beruf*
	joindre quelqu'un	*jemanden erreichen*
	joli, -e	*hübsch*
le	**joueur**	*Spieler*
	jusqu'à	*bis*
	juste	*nur*

K

le	**képi**	*Käppi*
le	**keuf**	*Bulle (ugs. für Polizist)*
le	**kilo**	*Kilo*
le	**kir**	*Kir: Aperitif aus Weißwein + Cassislikör*
le	**kouglof**	*Kugelhupf*

L

le	**lac**	*See*
le	**lac Léman**	*Genfer See*
	lancer	*werfen*
	landais, -e	*aus den Landes*
le	**langage**	*Sprache, Worte*
la	**langue**	*Sprache*
le	**lapin**	*Kaninchen*
les	**lardons**	*Speckwürfel*
le	**latin**	*Latein*
	latin, -e	*lateinisch*
le	**lavabo**	*Waschbecken*
la	**lavande**	*Lavendel*
	laver	*waschen, abwaschen*
	lécher	*lecken*
la	**légende**	*Legende*
les	**légumineuses**	*Hülsenfrüchte*
les	**lentilles**	*Linsen*
la	**lettre**	*Brief, Buchstabe*
la	**liberté**	*Freiheit*
le	**lien**	*Link*
le	**lieu**	*Ort*
le	**lièvre**	*Hase*
la	**ligne**	*Linie, Verbindung*
la	**lingerie**	*Unterwäsche*
la	**liste**	*Liste*
la	**littérature**	*Literatur*
le	**livarot**	*Livarot (Käsesorte)*
la	**livraison**	*Lieferung*
le	**livre**	*Buch*
la	**locution**	*Redewendung, Idiom*
	long, -ue	*lang*
le	**look**	*Aussehen*

Wortverzeichnis

	lorrain, -e	*aus Lothringen*
le	**loto**	*Lotto*
le	**loup**	*Wolf*
le	**loustic**	*lustiger Kerl*
la	**luge**	*Schlitten*
la	**lumière**	*Licht*
la	**lune**	*Mond*
les	**lunettes**	*Brille*
	lutter	*kämpfen*
le	**luxe**	*Luxus*

M

le	**macaron**	*Macaron (buntes Gebäck)*
la	**machine**	*Maschine*
la	**madeleine**	*Madeleine (Gebäck)*
le	**magasin**	*Geschäft, Laden*
le	**Maghreb**	*Maghreb*
	magnifique	*wunderschön, wundervoll*
le	**mail**	*Mail*
le	**maillot de bain**	*Badeanzug, Badehose*
la	**main**	*Hand*
le	**maire**	*Bürgermeister*
la	**mairie**	*Rathaus*
la	**maison**	*Haus*
le	**maître**	*Meister, Lehrer*
	malade	*krank*
	malgré	*trotz*
le	**malheur**	*Unglück, Pech, Missgeschick*
la	**Manche**	*Ärmelkanal*
	manger	*essen*
	manger comme quatre	*für zwei essen*
le	**marais salant**	*Salzfeld*
la	**marche**	*Wandern*
le	**marché**	*Markt*
le	**mariage**	*Hochzeit*
le	**marin**	*Seemann*
	maritime	*See-*
la	**marjolaine**	*Majoran*
le	**massif**	*Massiv*
le	**maximum**	*Maximum, Höchste*
le	**mazzérisme**	*Mazzerismus*
les	**médias**	*Medien*
	médiatique	*die Medien betreffend*
la	**Méditerranée**	*Mittelmeer*
	meilleur, -e	*bester, -e*
	mélanger	*mischen, umrühren*
le/la	**même**	*der-, die-, dasselbe*
le	**mémorial**	*Denkmal*
la	**menthe**	*Minze*
le	**menu**	*Menü*
la	**mer**	*Meer, See*
	merci	*danke*
la	**merde**	*Scheiße*
la	**mère**	*Mutter*
le	**message**	*Nachricht*
le	**métal**	*Metall*
la	**métallurgie**	*Metallindustrie*
le	**métro**	*U-Bahn*
	mettre	*setzen, legen, stellen*
la	**meuf**	*Frau (sehr ugs.)*
le	**meurtrier**	*Mörder*
le	**microscope**	*Mikroskop*
le	**miel**	*Honig*
le	**milieu**	*Mitte*
le	**Ministère des Affaires étrangères**	*Außenminister*
le	**Ministre de l'Intérieur**	*Innenminister*
le	**mirliton**	*normannischer Nachtisch*
la	**mobylette**	*Moped, Mofa*
la	**mode**	*Mode*
	moelleux, -euse	*weich*
	moins	*weniger*
le	**monde**	*Welt*
	mondial, -e	*weltweit*
le	**mont**	*Berg, Gipfel*
la	**montagne**	*Berg, Gebirge*
la	**montée**	*Anstieg*
	montrer	*zeigen*
le	**monument**	*Denkmal*
le	**morceau**	*Stück*
la	**mort**	*Tod*
	mort, -e	*tot*
le	**mot**	*Wort*
la	**moto**	*Motorrad*
la	**mouche**	*Fliege*
le	**moule**	*Form*
la	**moule**	*Miesmuschel*
le	**moulin**	*Mühle*
la	**moutarde**	*Senf*
le	**mouton**	*Schaf*
le	**moyen**	*Mittel*
	moyen, -ne	*mittel-*
le	**Moyen-âge**	*Mittelalter*
	moyenâgeux, -euse	*mittelalterlich*
le	**munster**	*Munster (Käsesorte)*
le	**muscadet**	*Weißwein aus der Loire-Region*
le	**musée**	*Museum*
	musical, -e	*musikalisch*
le	**music-hall**	*Music-Hall*
la	**musique**	*Musik*
le	**musulman**	*Moslem*

N

le	**nain**	*Zwerg*
la	**naissance**	*Geburt*
	naître	*geboren werden*
	national	*national*
la	**navigation**	*Schifffahrt*
la	**Noblesse**	*Adel*
	noir, -e	*schwarz*
le	**nom**	*Name*
	normand, -e	*normannisch*
	nota bene	*merke*

la **note**	*Note*
le **nougat**	*Turron*
la **nourriture**	*Lebensmittel*
nouveau, nouvel, nouvelle	*neu*
le **noyau**	*Kern*

O

l'**occasion**	*Gelegenheit*
l'**occident**	*Okzident*
l'**occitan**	*Okzitanisch*
occupé, -e	*besetzt*
l'**odeur**	*Geruch*
l'**œuf, les œufs**	*Ei*
officiel, -le	*offiziell*
officiellement	*offiziell*
l'**oie**	*Gans*
l'**oignon**	*Zwiebel*
l'**oiseau**	*Vogel*
l'**olive**	*Olive*
l'**opéra**	*Oper*
l'**or**	*Gold*
l'**orange**	*Orange, Apfelsine*
l'**ordinateur**	*Computer*
s'**orienter**	*sich orientieren*
l'**origine**	*Herkunft*
l'**orthographe**	*Rechtschreibung*
où	*wo*
l'**ouest**	*Westen*
l'**ouvreuse**	*Platzanweiserin*

P

le **pain**	*Brot*
le **palais**	*Palast*
le **panini**	*Panini*
le **panneau**	*Schild*
le **pape**	*Papst*
le **parachute**	*Fallschirm*
le **parapente**	*Gleitschirmfliegen*
le **parapluie**	*Regenschirm*
le **parasol**	*Sonnenschirm*
le **parc**	*Park*
le **parc national**	*Naturpark*
parce que	*weil*
parfait, -e	*perfekt*
le **parfum**	*Parfüm*
parisien	*aus Paris*
le **parking**	*Parkplatz*
pas du tout	*überhaupt nicht*
le **passage**	*Weg, Passage*
le **passé**	*Vergangenheit*
passer	*laufen*
le **pastis**	*Anis-Aperitif*
la **pâte**	*Teig*
la **pâte brisée**	*Mürbeteig*
la **pâte feuilletée**	*Blätterteig*
le **patin à glace**	*Schlittschuh*
la **pâtisserie**	*Konditorei, Patisserie*
pâtissier, -ière	*vom Konditor*
pauvre	*arm*
payer	*zahlen, bezahlen*
le **pays**	*Land*
la **pêche**	*das Fischen, der Fischfang*
le **pêcheur**	*Angler*
le **peintre**	*Maler*
la **peinture**	*Malerei*
la **pelle**	*Schaufel*
la **pelote basque**	*Pelota-Spiel*
la **péniche**	*Hausboot*
penser	*denken*
perché	*hochragend*
perdre	*verlieren*
le **père**	*Vater*
le **Père Noël**	*Weihnachtsmann*
périgourdin	*aus dem Perigord*
le **péril**	*Gefahr*
le **persil**	*Petersilie*
le **personnage**	*Figur*
la **personnalité**	*Persönlichkeit*
la **pétanque**	*Boules-Spiel*
petit, -e	*klein*
le **peuple**	*Volk*
le **phare**	*Leuchtturm*
le **philosophe**	*Philosoph*
le **pianiste**	*Klavierspieler*
la **pierre**	*Stein*
la **piste**	*Piste*
la **pizza**	*Pizza*
la **place**	*Platz*
placer	*anlegen*
placer de l'argent	*Geld einzahlen*
la **plage**	*Strand*
la **planète**	*Planet*
le **plat**	*Topf*
le **plateau**	*Platte*
la **plongée**	*Tauchen*
le **pneu**	*Reifen*
la **poche**	*Tasche*
la **poêle**	*Pfanne*
le **poème**	*Gedicht*
le **poète**	*Dichter*
la **poignée de main**	*Handschlag*
le **point**	*Punkt*
à point	*medium, rosa (Fleisch)*
la **pointure**	*Schuhgröße*
la **poire**	*Birne*
le **poison**	*Gift*
le **poisson**	*Fisch*
le **poivre**	*Pfeffer*
poli, -e	*höflich*
la **police municipale**	*Polizei*
politique	*politisch*
la **pomme**	*Apfel*
la **pomme de terre**	*Kartoffel*
le **pommeau**	*Apfelgetränk mit Alkohol*
le **pont**	*Brücke*

le	**pop**	*Popmusik*
la	**porcelaine**	*Porzellan*
le	**port**	*Hafen*
le	**port de plaisance**	*Jachthafen*
la	**porte**	*Tür, Tor*
	pour	*für*
	pourpre	*purpur*
le	**praliné**	*Nugat*
	préchauffer	*vorheizen*
la	**préhistoire**	*Urgeschichte*
le	**Premier Ministre**	*Premier Minister*
	premier,-ère	*erster*
	prendre	*nehmen*
	préparer	*vorbereiten*
	près de	*neben, in der Nähe von*
	pré-salé	*vorgesalzen*
le	**présentateur**	*Moderator*
le	**président**	*Präsident, Vorsitzender*
la	**presse**	*Presse*
	presser	*auspressen*
le	**pressing**	*Reinigung*
la	**pression**	*Bier vom Fass*
le	**prêt-à-manger**	*Imbiss*
le	**prêt-à-porter**	*Mode*
le	**prêtre**	*Priester*
le/la	**prince, princesse**	*Prinz, Prinzessin*
la	**prise**	*Sturm*
le	**prix**	*Preis*
la	**production**	*Produktion, Herstellung*
	produire	*herstellen*
le	**produit**	*Produkt*
	profiter	*nutzen, genießen*
la	**promenade**	*Spaziergang*
la	**promotion**	*Sonderangebot*
	provençal	*provenzalisch*
la	**province**	*Provinz*
	public, -que	*öffentlich, publik*
	puis	*dann*
le	**pyjama**	*Schlafanzug*
la	**pyramide**	*Pyramide*

Q

le	**quad**	*Quad*
le	**quai**	*Kai*
le	**quartier**	*Viertel*
la	**queue**	*Schwanz*
	à la queue leu leu	*im Gänsemarsch*
la	**quiche**	*Quiche*
les	**quotas**	*Quote*

R

le	**R.M.I.**	*Sozialhilfe*
la	**raclette**	*Raclette*
la	**radio**	*Radio, Rundfunk*
le	**rafting**	*Rafting*
le	**raisin**	*Weintraube*
	rajouter	*hinzufügen*
la	**randonnée**	*Wanderung*
la	**randonnée à raquettes**	*Schneewandern*
le	**rang**	*Rang*
la	**râpe**	*Raspel*
le	**rappel**	*Erinnerung*
la	**raquette**	*Schläger*
la	**ratatouille**	*Ratatouille*
le	**reblochon**	*Reblochon (Käsesorte)*
	récent, -e	*aktuell*
	réduit, -e	*reduziert*
	regarder	*ansehen*
la	**région**	*Region*
	régional, -e	*regional*
	régner	*herrschen*
la	**reine**	*Königin*
	relier	*verbinden*
la	**renaissance**	*Renaissance*
le	**renard**	*Fuchs*
	rendre	*machen*
	renoncer	*verzichten*
	renverser	*umdrehen*
le	**repas**	*Mahlzeit*
la	**république**	*Republik*
le	**réseau social**	*soziales Netzwerk*
la	**résistance**	*Widerstand*
	ressembler à	*ähneln*
le	**ressort**	*Branche, Ressort*
le	**restau(rant)**	*Restaurant*
le	**restaupouce**	*Imbiss*
le	**resto-rapide**	*Imbiss*
les	**Restos du Cœur**	*entspricht der Tafel*
le	**restovite**	*Imbiss*
	retirer	*abheben*
	retirer de l'argent	*Geld abheben*
le	**retour**	*Rückfahrt, Rückflug, Rückreise*
le	**retrait**	*Abholen, Abholung*
le	**réveillon**	*Abend vom 24. und vom 31. Dezember*
le	**rhum**	*Rum*
	riche	*reich*
les	**rillettes**	*Gänseschmalz*
le	**risque**	*Risiko*
	rissoler	*braten*
la	**rivière**	*Bach, Fluss*
le	**riz**	*Reis*
la	**robe de mariée**	*Brautkleid*
le	**rock**	*Rockmusik*
le	**roi**	*König*
le	**Romain**	*Römer*
	romain, -e	*römisch*
le	**roman**	*Roman*
	romantique	*romantisch*
le	**romarin**	*Rosmarin*
	rond, -e	*rund*
la	**ronde**	*Runde*
le	**roquefort**	*Roquefort (Käsesorte)*
	rose	*rosa*

	rouge	*rot*
le	**rouleau à pâtisserie**	*Nudelholz*
la	**roulette**	*Roulette-Spiel*
la	**route**	*Straße*
	roux, -sse	*rot(haarig)*
	royal, -e	*königlich*
le	**rugby**	*Rugby*

S

le	**S.M.I.C.**	*Mindestlohn*
le	**sable**	*Sand*
	le **château de sable**	*Sandburg*
le	**Saint-Albray**	*Saint-Albray (Käsesorte)*
la	**salade**	*Salat*
le	**saladier**	*Salatschüssel, Schüssel*
le	**salon de thé**	*Konditorei & Café*
le	**sandwich**	*Sandwich*
	sans	*ohne*
la	**santé**	*Gesundheit*
le	**santon**	*Tonfigur aus der Provence*
	saoûl	*betrunken*
	sauf	*außer*
	sauvage	*wild*
	savoir	*wissen*
	savoyard	*aus Savoyen*
le	**scooter**	*Motorroller*
le	**scooter des neiges**	*Motorschlitten*
la	**sculpture**	*Bildhauerei, Skulptur*
la	**séance**	*Aufführung*
le	**seau**	*Eimer*
la	**Sécurité sociale**	*Krankenversicherung*
le	**seigneur**	*Herr*
le	**sel**	*Salz*
la	**série**	*Serie*
	serrer	*drücken, einengen*
la	**serviette**	*Handtuch, Badetuch*
	seul, -e	*einzig*
le	**shampoing**	*Shampoo*
le	**shopping**	*Shopping, Einkaufbummel*
le	**short**	*Shorts, kurze Hose*
la	**sidérurgie**	*Stahlindustrie*
le	**siècle**	*Jahrhundert*
le	**siège**	*Sitz*
	signer	*unterschreiben, unterzeichnen*
	s'il vous plaît	*bitte*
le	**silence**	*Ruhe, Stille*
	simple	*einfach*
le	**sirop**	*Sirup*
le	**site**	*Homepage*
le	**site touristique**	*Sehenswürdigkeit*
le	**ski**	*Ski*
	le **ski de fond**	*Skilanglauf*
le	**smartphone**	*Smartphone*
le	**snack**	*Snack*
la	**soie**	*Seide*
le	**soir**	*Abend*
les	**soldes**	*Schlussverkauf*
le	**soleil**	*Sonnne*
le	**solex**	*Solex (schwarzes Mofa)*
le	**sommet**	*Gipfel*
	sonner	*klingeln, läuten*
la	**sorcière**	*Hexe*
	sortir	*herausnehmen*
	spécialement	*speziell, insbesondere*
la	**spécialité**	*Spezialität*
le	**spectacle**	*Veranstaltung*
le	**sport**	*Sport*
le	**stade**	*Stadion*
la	**station**	*Station*
la	**station thermale**	*Kurort*
la	**statue**	*Statue*
le	**steak**	*Steak*
la	**street food**	*Snack*
le	**style**	*Stil*
le	**sucre**	*Zucker*
	sucrier, -ière	*Zucker-*
le	**sud-est**	*Südosten*
le	**sud-ouest**	*Südwesten*
	suffire	*reichen*
	suivant, -e	*folgend*
	super	*super*
le	**supermarché**	*Supermarkt*
	sur	*auf*
le	**surnom**	*Spitzname*
	surveillé, -e	*beaufsichtigt*
le	**survêtement**	*Jogging-Anzug*
le	**suspect**	*Verdächtigter*
le	**symbole**	*Symbole, Leitfigur*

T

la	**table**	*Tisch*
le	**tableau**	*Bild*
le	**taboulé**	*Tabouleh (Couscous-Salat)*
la	**taille**	*Größe*
le	**talon**	*Ferse*
la	**tapenade**	*Olivenaufstrich*
le	**tapis**	*Teppich*
le	**tarot**	*Tarot-Spiel*
la	**tarte**	*Tarte*
la	**tartiflette**	*Kartoffelgericht mit Speck und Käse*
le	**taxi**	*Taxi*
la	**technique**	*Technik*
la	**teinturerie**	*Reinigung*
le	**téléachat**	*Fernseh-Shopping*
	télécharger	*herunterladen*
la	**télécommunication**	*Telekommunikation*
le	**téléphone**	*Telefon*
le	**téléphone portable**	*Handy*
	le **portable**	*Handy (Kurzform)*
le	**télésiège**	*Skilift*
le	**téléthon**	*Fernseh-Spendeaktion*
	télévisé, -e	*Fernseh-*
la	**télévision**	*Fernsehen, Fernseher*

Wortverzeichnis

	tenir	*halten*
le	**tennis**	*Tennis*
les	**tennis**	*Tennis-Schuhe*
la	**terre**	*Erde, Landstück*
le	**teurgoule**	*normannischer Nachtisch*
	textil	*Textil-*
le	**thé**	*schwarzer Tee*
le	**théâtre**	*Theater*
le	**thym**	*Thymian*
le	**tiercé**	*Pferdewette*
le	**Tiers-État**	*dritte Stand, Volk*
le	**tilleul**	*Linde*
le	**tir à l'arc**	*Bogenschießen*
la	**tisane**	*Kräuter-, Früchtetee*
le	**titre**	*Titel*
le	**toit**	*Dach*
la	**tomate**	*Tomate*
	tomber	*fallen*
la	**tomme**	*Tomme de Savoie (Käsesorte)*
le	**top**	*Beste (Ranking)*
	toujours	*immer*
	toulousain, -e	*aus Toulouse*
la	**tour**	*Turm*
le	**tour**	*Tour*
	touristique	*touristisch*
	tourner	*drehen*
le	**tournoi**	*Turnier*
	tous les deux	*beide*
la	**Toussaint**	*Allerheiligen*
	tout schuss	*sehr schnell, rasant*
la	**traboule**	*Weg in Lyon*
le	**train**	*Zug, Eisenbahn*
le	**traité**	*Abkommen*
le	**trajet**	*Fahrt, Weg*
le	**tramway**	*Straßenbahn*
la	**tranche**	*Scheibe*
les	**transports**	*Verkehrsmittel*
le	**travail**	*Arbeit*
	tremper	*eintauchen, eintunken*
	très	*sehr*
le	**trésor**	*Schatz*
le	**tribunal de justice**	*Gericht*
	trinquer	*anstoßen*
les	**tripes**	*Kutteln*
	trop	*zu ..., zuviel*
le	**trou**	*Loch*
se	**trouver**	*sich befinden*
le	**tunnel**	*Tunnel*
le	**tutu**	*Tütü*

U

l'	**un**	*das eine*
	unique	*einzigartig*
	universitaire	*Universitäts-*
l'	**université**	*Universität*
l'	**ustensile**	*Gerät,Hilfsmittel*

V

la	**V.O. (version originale)**	*Originalfassung*
le	**V.T.T. (vélo tous terrains)**	*Moutain Bike*
la	**vache**	*Kuh*
le	**vacherin**	*Vacherin (Käsesorte)*
	vaincre	*siegen, besiegen*
le	**vasistas**	*Fenster in einer Tür*
le	**vélo**	*Fahrrad*
	vendre	*verkaufen*
	Venise	*Venedig*
le	**vent**	*Wind*
la	**vente**	*Verkauf*
la	**vérité**	*Wahrheit*
le	**verlan**	*Umgangssprache, die die Silben vertauscht*
le	**vermisseau**	*Wurm*
le	**verre**	*Glas*
	verser	*gießen*
	vert, -e	*grün*
le	**vestige**	*Ruine, Rest*
le	**vêtement**	*Kleidungsstück*
le	**veto**	*Veto*
le	**viaduc**	*Viadukt*
la	**viande**	*Fleisch*
	vice-versa	*und anders herum*
	vider	*leeren, ausleeren*
la	**vie**	*Leben*
	vieux, vieil, vieille	*alt*
le	**viking**	*Wikinger*
la	**villa**	*Villa*
le	**village**	*Dorf*
la	**ville**	*Stadt*
le	**vin**	*Wein*
le	**virement**	*Überweisung*
la	**visite**	*Besichtigung*
la	**vitesse**	*Geschwindigkeit*
la	**viticulture**	*Weinanbau*
la	**vitrine**	*Schaufenster*
	Vive... !	*Es lebe ...!*
	vivre	*leben*
le	**vocabulaire**	*Wortschatz*
la	**voie**	*Gleis*
	voilà	*hier ist/sind ...*
	voir	*sehen*
la	**voisine**	*Nachbarin*
la	**voiture**	*Auto, Wagen*
la	**volaille**	*Geflügel*
le	**volcan**	*Vulkan*

W

le	**week-end**	*Wochenende*
le	**western**	*Western*

Z

la	**zappette**	*Zappen*

Seite 4: Provence: fotolia/ Jean-Michel POUGET, Austern: fotolia/ christian gufler, Falaises d'Étretat: fotolia/ Beboy • **Seite 5:** Boules: fotolia/ anselme, Paris, La Défense: shutterstock/ Alexander Mul, Markt: fotolia/ Meggy Hilton • **Seite 6 / 7:** Notre Dame Blick: shutterstock/ Jose Ignacio Soto • **Seite 8:** Frankreich Karte: fotolia/ Tanja Bagusat • **Seite 9:** Marianne: fotolia/ herreneck • **Seite 10:** Château de Versailles: shutterstock/ MMacKillop, Notre Dame de Paris: fotolia/ Cyril PAPOT, Viaduc de Milau: shutterstock/ PHB.cz (Richard Semik), Notre-Dame-du-Rosaire: shutterstock/ ribeiroantonio • **Seite 11:** Rugby: fotolia/ karaboux, Pelote Basque: fotolia/ BernardBreton, Boules: fotolia/ matmoon, Tir à l'arc: fotolia/ imagika • **Seite 13:** Clermont-Ferrand: fotolia/ Julien Leblay, Puy de Dôme: fotolia/ img85h, Puy en Velay: fotolia/ jedi-master, Source des célestins: fotolia/ FlorianLyon • **Seite 14:** Foie gras: fotolia.de/BBB3, Crème brûlée: istockohoto/ Sarah Bossert, Käseplatte: fotolia/ FOOD-pictures, Steak frites: fotolia.de/Jacek Chabras-zewski • **Seite 16:** Paris: fotolia/ juhanson • **Seite 17:** Vélib: fotolia/ Andreas Marquardt • **Seite 18:** Centre Beaubourg: fotolia/ ParisPhoto, Grande Arche de la Défense: shutterstock.com/ Alexander Mul, Musée d'Orsay: fotolia/ Ignatius Wooster, Musée du quai Branly: fotolia/ Ignatius Wooster • **Seite 19:** Giverny: fotolia/ Pascal06 • **Seite 20:** Taboulé: istock/ Elkeflorida • **Seite 21:** Polizist: shutterstock/ jbor, Geld: fotolia/ thingamajiggs, Franz. Auto: fotolia/ mrivserg, Zigaretten: fotolia/ doomu • **Seite 22:** alter Renault: fotolia/ eSchmidt • **Seite 24:** Schild Rappel: fotolia/ Durluby, Schild Sauf bus: fotolia/ Jackin, Schild Baignade interdite: fotolia/ delkoo, Schild Toutes directions: fotolia/ Durluby • **Seite 25:** Metro, boulot, dodo: fotolia/ olivier Pauwels • **Seite 26:** Le Mont-Saint-Michel: fotolia/ artesenc, Abtei des Mont: fotolia/ Jose Ignacio Soto • **Seite 27:** Sainte-Mère-Église: shutterstock/ Bertl123 • **Seite 28:** Rouen: fotolia/ peresanz, Falaises d'Étretat: fotolia/ Beboy, Honfleur: fotolia/ Pixel & Création, Caen: fotolia/ Gilles Pesenti • **Seite 29:** Deutscher Bunker, Normandie: fotolia/ Hans • **Seite 30:** Calvados: fotolia/ Gilles Paire • **Seite 31:** Tarte Tatin Schritt 2: fotolia/ FOOD-pictures, Tarte Tatin Schritt 4: fotolia/ FOOD-micro, Tarte Tatin Schritt 1: fotolia/ FOOD-micro, Tarte Tatin Schritt 3: fotolia/ FOOD-micro • **Seite 32:** Jersey: fotolia/ Delphimages • **Seite 33:** Frankreich Karte: fotolia/ Tanja Bagusat, Deauville: fotolia/ Tilio & Paolo • **Seite 34:** Pferderennen: fotolia/ Richard Villalon • **Seite 36:** La Pointe du Raz: fotolia/ Alterfalter, Bretons: fotolia/ DjiggiBodgi.com**,** • **Seite 37:** Château de Nantes: fotolia/ Thomas Pajot • **Seite 38:** Rennes: fotolia/ jerome DELAHAYE, Brest: fotolia/ DjiggiBodgi.com, Quimper: fotolia/ jerome DELAHAYE, Vannes: fotolia/ jeanphilippe delisle, Straßenschild: fotolia/ Nathou76 • **Seite 39:** Éléphant de l'Île: fotolia/ Glenan07 • **Seite 40:** Paris-Brest: fotolia/ FOOD-pictures • **Seite 41:** Krabben: fotolia/ helenedevun, Krebs: fotolia/ OlegD, Miesmuscheln: fotolia/ Marén Wischnewski • **Seite 42:** Pont du Gard: fotolia/ Cyril Comtat, Arc de Germanicus: fotolia/ JONATHAN, Arènes de Nîmes: fotolia/ delkoo, Porte de Mars: fotolia/ vmonet • **Seite 43:** Titeuf: fotolia/ Popova Olga • **Seite 44:** Vercingétorix: fotolia/ Bernard 63 • **Seite 46 / 47:** Dune du Pyla: fotolia/ Anja Ergler • **Seite 48:** Pont de Pierre: fotolia/ Martin M303, Cathédrale Saint-Front: fotolia/ Philophoto, Capitole de Toulouse: fotolia/ jundream, Ville d'Albi: fotolia/ pascal DESTERCKE • **Seite 49:** Cassoulet: fotolia.de/ Tjall, Assiette landaise: fotolia/ bmorane, Canelés bordelais: fotolia/ papinou, Piperade: shutterstock/ Monkey Business Images • **Seite 50:** Baignade dangereuse: fotolia/ Stephane Bonnel, Baignade non surveillé: fotolia/ galam, Baignade aux risques et périls des usagers: fotolia/ AnnaC, Surveillance des plages: fotolia/ AnnaC • **Seite 51:** Schwimmreifen: fotolia/ sonia Chatelain, Sandburg: fotolia/ Sibylle Zander, Eimer und Schaufel: fotolia/ Artiloo, Gummiboot: fotolia/ ChGuss • **Seite 52:** Chinon: fotolia/ kevin14, Blois: fotolia/ csld, Chambord: fotolia/ Frederic CHAPRON, Azay-le-Rideau: fotolia/ DX • **Seite 53:** Palais de l'Élysée: fotolia/ BernardBreton • **Seite 54:** Galette des rois: fotolia/ seiler • **Seite 55:** Thron: fotolia/ Oleksandr Moroz • **Seite 56:** Calanques: fotolia/ xian64 • **Seite 57:** Grasse: fotolia/ Annerp • **Seite 58:** Karte: fotolia/ Tanja Bagusat, Palais des Papes: fotolia/ lamax, Festung von Carcassonne: fotolia/ beatrice prève, Mont-Ventoux: fotolia/ macumazahn, Gorges du Verdon: fotolia/ scanpat • **Seite 59:** Santons de Provence: fotolia/ legabatch • **Seite 60:** Pont d'Avignon: shutterstock.com/Philip Lange • **Seite 61:** Thymian: fotolia/ Harald Biebel, Basilikum: fotolia/ seli8, Majoran: fotolia/ scis65, Rosmarin: fotolia/ Diana Taliun • **Seite 62:** Ausstellung: fotolia/ Sam Spiro, Kino: fotolia/ Deklofenak, Konzert: shutterstock/Ferenc Szelepcsenyim, Ballett: fotolia/ welldoneteam • **Seite 63:** Palme d'or Cannes: fotolia/ Tawand@ • **Seite 65:** Penseur de Rodin: fotolia/ patleem, Venus de Milo: fotolia/ Perseomedusa, Statue de Napoléon: fotolia/ asmall, Statue de Jeanne d'Arc: fotolia/ Xavier29 • **Seite 66:** Bonifaccio: fotolia/ Jeff Alcaras • **Seite 67:** Korsika, Ostriconi: fotolia/ flo078, Korsika, Plage de Saleccia: fotolia/ CastaLibre • **Seite 68:** Bastia: fotolia/ seb hovaguimian, Fort de France, Rathaus: fotolia/ Julie Favreau, Cayenne:

Bildnachweis

shutterstock/ amskad, Noumea: fotolia /jerome scalvini, Ajaccio: fotolia/ photlook • **Seite 69:** Brocciu-Käse: fotolia/ Dean Moriarty, Broudin créole aux fruits: fotolia/ Maceo, Couscous: fotolia/ HLPhoto, Canistrelli-Kekse: fotolia/ objectif saveurs • **Seite 70:** Tête de Maure Corse: fotolia/ ben_photos • **Seite 71:** Straßenschild: fotolia/ pierre TEYSSONNEYRE • **Seite 72:** Haut-Königsburg: fotolia/ Yvann K, Château de Roquetaillade: fotolia/ Jimjag, Château de Bonaguil: fotolia/ Jimjag, Chantier de Guédelon: fotolia/ Daoud • **Seite 73:** Prise de la Bastille: fotolia/ neko92vl • **Seite 75:** Château d'eau: fotolia/ denis augustin • **Seite 76:** Eismeer in Chamonix und „funiculaire": fotolia.de/ Guillaume Besnard • **Seite 77:** Barrage de Tignes: fotolia/ macumazahn • **Seite 78:** Frankreich Karte mit Bergen: fotolia/ studiogriffon.com • **Seite 79:** Fondue savoyarde: fotolia/ meailleluc.com • **Seite 80:** Fußball: fotolia.de/ Martin Chalou, Tennis: fotolia.de/ rudybaby, Ski: fotolia.de/ Jean-Paul Demolin • **Seite 81:** Gleitschirm: fotolia/ Andre Montaud, Snowmobil: fotolia/ Tyler Olson, Rafting: fotolia/ philippe Devanne, Klettern: fotolia.de/ BCkid • **Seite 83:** Gerland Stadion: fotolia/ BrunoH, Quartier Saint-Jean et les Traboules: fotolia/ Claude Nissens, Hôtel de ville: fotolia/ Alexi TAUZIN, La passerelle Saint-Georges: fotolia/ Richard • **Seite 85:** Schmuckgeschäft: fotolia/ JackF, Épicerie: fotolia/ oxanatravel, Baumarkt: fotolia/ maho, Reinigungsdienst: fotolia/ mangostock • **Seite 86:** Yvoire: fotolia/ mlehmann78 • **Seite 87:** Château de Ferrette: fotolia/ Sébastien Closs • **Seite 88:** Europäisches Parlament: fotolia.de/ Sébastien Maurer • **Seite 89:** Riquewihr: fotolia/ David Espin, Nancy, Place Stanislas: fotolia/ Alexi TAUZIN, Colmar, Petite Venise: fotolia/ ricky_68fr, Les Voges: fotolia.de/ bobroy20 • **Seite 90:** Quiche lorraine: fotolia.de/ Laurent Renault, Choucroute: fotolia/ Claude Calcagno, Flammkuchen: fotolia/ BeTa-Artworks, Kouglouf: fotolia/ Yves Roland • **Seite 91:** Elsass: fotolia.de/ Gilles PARNALLAND • **Seite 93:** Fort-Boyard: fotolia/ Bernard GIRARDIN • **Seite 94:** Telefonieren: fotolia.de/Noam • **Seite 95:** Spielkonsole: fotolia/ WavebreakmediaMicro, Computer: shutterstock.com/ auremar, MP3-Player: fotolia/ RG., Handy: shutterstock.com/ auremar • **Seite 96:** Corons: fotolia/ david delecourt • **Seite 97:** Carnaval Dunkerque: fotolia/ CJC • **Seite 98:** Soldatenfriedhof: fotolia/ Alonbou, Tour fortifiée de Laon: fotolia/ Alexis BORG, Cathédrale d'Amiens: fotolia/ Alonbou, Château de Chantilly: fotolia/ Pascal Martin • **Seite 100:** Tarte au libouli: fotolia/ corinne matusiak • **Seite 101:** Moules frites: fotolia.de/ Jacques PALUT • **Seite 102:** Mariage: fotolia.de/MNStudio, Baptême dragées: fotolia/ Lsantilli, Anniversaire: shutterstock.com/wave-breakmedia ltd, Réveillon – Silvester: istock/mediaphotos • **Seite 103:** Schloss von Sedan: shutterstock/ PHB.cz (Richard Semik), Cathédrale de Reims: fotolia/ albillottet, Troyes: fotolia/ Alain Finger, Musée Rimbaud: fotolia/ nordmann • **Seite 104:** Korken: fotolia/ monropic • **Seite 105:** Café: shutterstock.com/atoss,